雅昌企业管理与内训丛书

HANDS ON MARKETING FOR THE PRINTER

印刷**营销管理**

（原书第二版）

（美）Lyman Henderson 著

张志成 孙柏林 译

印刷工业出版社

图书在版编目（CIP）数据

印刷营销管理／（美）肯德索恩（Henderson，L.）著；张志成，孙柏林译．—北京：印刷工业出版社，2007.6
（雅昌企业管理与内训丛书）
ISBN 978-7-80000-651-7

Ⅰ.印... Ⅱ.①肯...②张...③孙... Ⅲ.印刷工业－市场营销学 Ⅳ.F407.845

中国版本图书馆CIP数据核字（2007）第082095号

版权合同登记号　图字：01-2006-3836
© Copyright 2004 NAPL
All rights reserved.
Except where specifically indicated, no part of this publication may be reproduced, stored in a retritval system, or transmitted in any form, by any means, electronic, mechanical, photocopying, recording, or otherwise, without the written permission of the National Association for Printing Leadership.

本书中文版经美国印刷领导者协会授权印刷工业出版社独家出版发行。
未经许可，不得以任何方式复制或抄袭本书的任何部分。

印刷营销管理(原书第二版)

Lyman Henderson 著　张志成　孙柏林　译

总 策 划：万　捷
执行策划：刘积英
责任编辑：张羽玲　吴　嘉
出版发行：印刷工业出版社（北京市翠微路2号 邮编：100036）
网　　址：www.pprint.cn　www.keyin.cn
经　　销：各地新华书店
印　　刷：北京捷迅佳彩印刷有限公司
开　　本：850mm×1168mm　1/32

字	数：172千字	印	张：7.375
印	次：2007年6月第1版 2007年6月第1次印刷	印	数：1～5000
定	价：32.00元		ISBN：978-7-80000-651-7

如发现印装质量问题请与我社发行部联系　发行部电话：010-88275707　010-88275602

写在"雅昌企业管理与内训丛书"出版之前

21世纪头10年是我国印刷业改革与发展的重要时期。在技术层面,我们正面临着从模拟技术向数字技术、网络技术和多媒体技术为代表的数字化时代的全面转变,技术基础的革新又带动了印刷业产业形态、产业管理和盈利模式的巨大变革。在产业环境层面,在中国加入世贸组织之后,印刷业的对外开放水平不断提高,越来越多的跨国企业参与到中国印刷市场的竞争中来,同时也有一些中国企业走出国门,拓展国际市场,走上外向型发展之路。

在已经或即将到来的具有历史意义的产业变革面前,每一家志存高远的印刷企业和每一位胸怀理想的企业家都必须在创新发展和墨守成规之间做出明智选择。

新闻出版总署发布的我国印刷业"十一五"发展指导实施意见提出,争取在2010年把我国建设成为全球主要的印刷基地之一,并培育一批具有较强竞争力的印刷骨干企业。毋庸置疑,经过改革开放近30年时间的快速发展,我国印刷业已经取得了巨大的成就,部分企业的技术装备已经达到了国际领先水平,有实力参与国际印刷市场的竞争。特别是在"珠三角"、"长三角",这样的企业为数不少。从总体上看,我国已经是印刷大国,但远非印刷强国。我国印刷业要实现强国之梦,必须走出一条又好又快的路子,而其中关键在于"好"。

雅昌集团是我国优秀印刷企业的代表,素来享有"学院派"的美誉,成立时间不长,只有十三四年时间,但却成长迅速,走出了一条富有特色的发展路径,成为精品印刷、艺术印刷的代表者。雅昌承印了《北京2008年奥运会申办报告》和《上海2010年世界博览会申办报告》等具有重要社会和历史意义的印刷品,并屡获有印刷界"奥斯卡"之称的 Benny Award 印刷大奖。雅昌集团成功开创了"传统印刷+现代IT技术+文化艺术",赋予了印刷这一传统产业崭新的内涵。

雅昌集团董事长万捷先生长期从事印刷生产经营工作,对印刷技术和企业管理有着深刻的感悟,富于学习和创新精神,十分注重管理的基础工作和员工的内部培训。早就耳闻雅昌集团有一套十分珍贵的"雅昌丛书",其中的全部图书都是万捷先生利用出国考察的机会从美国、日本等发达国家的印刷专业读物中精挑细选出来,并组织翻译、印装成企业内部员工培训教材的,这些教材在雅昌的内部职工培训中发挥了重要作用,被视为雅昌快速成长的"秘密武器"之一。如今万捷先生愿意通过印刷工业出版社以"雅昌丛书"为基础,正式引进出版一套以企业管理为特色的"雅昌企业管理与内训丛书",并亲自担任总策划,将企业的"秘密武器"与业界共享,充分体现了新一代印刷企业家的胸怀气度以及以中国印刷业发展进步为己任的高尚品格。"雅昌企业管理与内训丛书"均经过了万捷先生的亲自把关和严格筛选,这些图书紧密结合印刷企业的经营实际,分别介绍了印刷企业生产管理、现场管理、营销管理、质量管理、增值服务、营业管理等内容,是一套不可多得的印刷企业管理精品读物。相信这套丛书的出版发行会为印刷企业的更好成长提供支持和帮助。

最后,我还要对印刷工业出版社年轻的编辑们表示祝贺和感谢。在最近的一年时间里,他们先后出版了引进版权的《印刷企业管理实务》和知名印刷企业家张林桂先生的《5%成败论》两本管理读物,如今又与雅昌集团和万捷先生合作出版"雅昌企业管理与内训丛书",体现了独特的编辑眼光和敬业精神。希望你们再接再厉,为中国印刷业实现"十一五"规划发展目标,早日实现强国之梦提供更多更好的精神食粮。

中国印刷技术协会理事长
2007年1月26日

目 录

第1章 印刷行业正在发生什么变化? ………… 1
    历史案例：商业表格印刷业 ………… 3
    怎样使用这本书 ………… 7
    盒子外面的思考 ………… 9

第2章 市场营销是什么? ………… 13
    价值（或供应）链 ………… 18
    市场营销的定义 ………… 22
    1. 客户想要什么 ………… 22
    2. 客户在什么地方需要 ………… 24
    3. 客户在什么时候需要 ………… 24
    4. 客户愿意支付的价格 ………… 25
    5. 供应商获得的利润 ………… 25

第3章 客户导向 ………… 27
    客户忠诚 ………… 28
    客户创造 ………… 31
    销售和营销 ………… 33
    购买步骤 ………… 35

第4章　营销阶梯介绍……39
　　在地面上：一无所知……40
　　1. 一般商业印刷企业：采取防御战术……40
　　2. 产品专业化：快速反应……41
　　3. 目标市场销售：搜寻目标……42
　　4. 顾问关系：快速反应……43
　　5. 价值链伙伴：积极的……48

第5章　为什么需要营销？……49

第6章　竞争取胜……55
　　市场定位……58
　　竞争策略……60
　　1. 防御策略……61
　　2. 进攻策略……62
　　市场份额……64

第7章　商业伦理……67

第8章　促销……75
　　直接营销……77
　　促销……77
　　广告销售……78
　　公益活动……78
　　公共关系……79
　　普及范围和普及效果……82

第9章 增长..............85
　　　　创造新的市场空间............88

第10章 利润..............93
　　　　增加产量............95
　　　　降低成本............96
　　　　提高价格............96
　　　　提高周转率............97
　　　　改变产品或者市场组合............97

第11章 营销阶梯第1级——一般商业印刷企业............99
　　　　低成本............101
　　　　1．小型日用品印刷企业............101
　　　　2．大型商业印刷企业............102
　　　　购买与自制对比............103
　　　　降低服务成本............104
　　　　普通印刷企业如何持续运转？............106
　　　　1．在小的地理区域内成为市场领导者............107
　　　　2．客户与公司亲密无间............107
　　　　3．利用员工............108

第12章 营销阶梯第2级——产品专业化............113
　　　　特种印刷技术............115
　　　　特种产品............115
　　　　1．出生期............117

2．成长期……… *118*
　　3．成熟期……… *118*
　　4．衰退期……… *119*
　　5．消亡期……… *120*
　　实现专业化……… *120*

第 13 章　营销阶梯第 3 级——目标市场营销………… *125*
　　选择目标市场……… *127*
　　了解目标市场……… *132*
　　1．目标市场选择……… *132*
　　2．产品/服务差异化……… *135*
　　3．市场定位……… *137*
　　品牌的形成……… *141*

第 14 章　营销阶梯第 4 级——顾问关系………… *145*

第 15 章　营销阶梯第 5 级——价值链伙伴………… *151*

第 16 章　环境分析：发现"这里"的情况………… *157*
　　宏观经济……… *160*

第 17 章　你的目标是什么？………… *167*

第 18 章　营销组织……… *173*
　　经理主管人员……… *174*
　　销售部门……… *176*

　　　　生产管理…………178

　　　　产品配送…………178

　　　　接待………179

　　　　行政管理…………180

　　　　研究与发展…………181

第19章　为新千年作准备…………183

　　　　数字通信…………184

　　　　互联网…………185

　　　　电子商务…………187

　　　　1. 电子商务的优点…………187

　　　　2. 电子商务的缺点…………188

第20章　从起点到目的地…………191

　　　　起点…………192

　　　　目的地…………200

　　　　1. 我们是经营什么业务的？…………200

　　　　2. 我们的经营目的是什么？…………201

　　　　3. 撰写任务书…………202

第21章　年度营销计划…………205

　　　　目标…………206

　　　　战略…………207

　　　　战术…………208

　　　　有计划才能生存…………210

第22章　预算……………213

参考文献…………219

作者简介…………223

第1章
印刷行业正在发生什么变化?

> 市场营销是在保证供应商有利润和以客户愿意支付的价格前提下，在客户想要的地方和想要的时间向其提供他所想要的商品和服务。
>
> ——罗里·哈里斯（Roly Harris）

不论印刷行业的内部还是外部，人们正处于数字化革命的浪潮之中，印刷企业已经能够处理数字化出版中的问题：数字化文件取代了胶片，数字化传输代替了邮件和快递员，数字化印刷使单页复制成为可能，当然还有其他更多的应用。但是当数字化变迁影响到我们的客户对印刷品的需求时，我们却往往显得有些难以应对。

万维网和其他电子通信已经迅速成为印刷行业强有力的竞争者。许多用油墨印刷的传统印刷品——商业表格、带标题的信笺和信封、印刷广告、支票、广告牌、游戏拼板、年报、职务任命书、手册、贺卡、戏票、邮票、旅游门票等——正在受到威胁，并可能完全被看不见的比特和字节取代，许多印刷企业对这个挑战并没有做好准备。

20世纪的大多数时期，印刷业在国民生产总值（GDP）中一直占有一个相当稳定的比例。但从1998年开始，印刷业的增长开始落后于国民经济的增长（图1-1）。

通过观察，你可以看到下面的事实：
①很多小公司已经退出；
②大公司进行了重大的结构调整；
③纸张公司销售额下降；
④大量的企业收购与合并；
⑤印刷设备销售额下滑；
⑥邮局规模变小、价格上涨和服务变慢；

⑦新电子产品正在侵蚀传统印刷企业；

⑧印刷业的激烈竞争使价格大大降低。

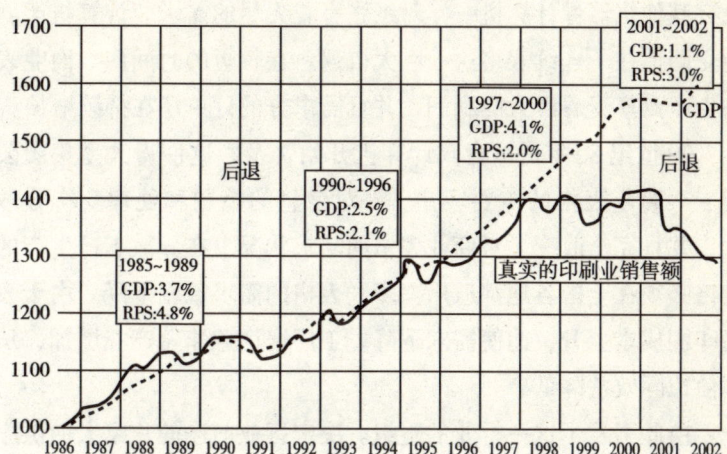

图 1-1 印刷业销售额与国内生产总值的比较(引自 NAPL2002/2003,印刷业报告)

事实上，我们正经受供求规律带给我们的影响：

①当供给（或生产能力）超过需求时，价格就会降低（竞争是残酷的）；

②当需求超过供给（或生产能力）时，价格就会上涨（此时缺少竞争）。

历史案例：商业表格印刷业

商业数据表格公司的前总裁约翰·格林霍夫（John Greenhough）讲述了商业表格印刷业——印刷工业中一个极其重要的组成部分——的兴起和衰落情况。这段经历是供求规律的证据。

商业表格印刷生产线多年来没有发生明显的变化。20世纪70年代大型计算机的出现给这一行业带来了第一次震荡。从来没有其他机器像计算机一样对纸张有着无尽的需求。计算机印刷商立即抓住了连续表格这一巨大机遇。在较短的时间内，商业表格生产商享受着巨大的利润，并且需求方的订单还在持续增长。

20世纪80年代，台式计算机开始普及，这使得大型集团公司——商业表格的主要客户——对信息的控制和处理变得分散化，并且完全改变了对商业表格的需求状况。在分散工厂生产的表格必须在全国各地都适用。多联表格的需求急剧下降。由于表格印刷成本上升，而使需求下降。工厂增加意味着产能增加，从而使边际效益降低。

由此引发了这一行业的重组。决定行业前途的几家大的供应商对前景悲观失望，企业不能继续生存，于是他们停产或将企业出售。而决定继续在本行业生存的企业则以非常低的价格将这些设备统统买下来。

继续留在商业表格行业的公司，除了满足对单联表格的持续需求外，还发现了新的市场需求——标签、条码、保密文件，甚至是一些直接邮件的包装袋，从而使他们的设备更加安全。但是价格很便宜的电子打印机，不论是作为独立设备，还是作为计算机的附件，让很多办公室和家庭成为"小型印刷厂"，在处理信息的同时打印了表格。

一些存活下来的表格生产企业开始向系统和基础设施领域投资，并提供诸如打印管理、仓储和配送之类的服务。尽管这些已经超出表格公司的"核心竞争力"范围，甚至离那些大客户越来越远。聪明的供应商还是在这种市场需求中获得了竞争优势。

对管理表格的需求并没有下降，只是设计方法和生产方式发生了变化。随着电子通信的发展，领先的印刷企业开始提供设计服务，通过互联网利用计算机进行沟通。当客户需要的时候，就可以进行印刷。一些印刷企业开始承担印刷表格与提供信息的功能，并将结果传送给位于各地的最终用户。

快速印刷：印刷行业"天气状况"的预警钟

附加印刷公司（print-plus）的老板桑迪·唐纳德（Sandy Donald）是一位成功的快速印刷商，他认为快速印刷业经历的变化发生在其他类型的印刷企业之前；因此，可以把快速印刷的变化视为即将发生什么事情的一个早期预警信号。例如，快速印刷第一个采用了计算机直接制版技术，这一先进技术现已成为整个行业的标准。快速印刷业最早出现了坏兆头：快速印刷品很早就受到家庭计算机打印的威胁。但是唐纳德认为这一行业并不会消亡，只是增长率在降低。快速印刷业是最早应用数字化技术的行业之一，它不仅使短版印刷更快捷、更便宜，而且能与他们的客户进行数字通信。

安大略省快速印刷企业协会主席迪安·巴克森达尔（Dean Baxendal）说过，现在是一个精确的时代。"无合同贸易正在消亡。如果快速印刷企业不能和他们的客户实现互联，他们将失败。他们还要去识别新机会。例如，用数字文档能为客户做的事情是：存储、检索、编辑、合并、组织、直接发送电子邮件。对印刷商店来说，这意味着先进的装备和训练有素的员工。同时，现在我们开始对先前是免费的服务收取费用。对彩色印刷品的需求持续增长，在未来5年内，每年的价格将下降10%。"

唐纳德指出，快速印刷企业，特别是新进入这一领域的企业，是"比传统印刷企业更复杂、更高级的复制企业"。数字印刷使得快速印刷向客户提供的按需印刷服务得到改进。"我们可以在线接受客户商业名片订单，然后设计、印刷、裁切和配送，这一切只需几个小时。"

> 另一个快速印刷商解释说,"最初,办公室人员由于看到新的计算机印刷机可以印刷这些活件而欣喜。现在我想他们已经开始对作为印刷员而感到疲倦。他们有其他的事情要做——公司雇用他们所需要做的日常工作。他们的老板也认识到自己印刷的真实成本只是打一个电话。我们的价格又非常便宜。通常我们做事所用的时间比他们自己做用的时间少一点"。
>
> 当很多公司进行市场细分时,他们认为快速印刷是整个行业中最大的一个细分市场。快速印刷等同于快速转换,现在是整个印刷行业的标准。(巴克森达尔说,他的公司50%以上的业务都是在24小时之内交货。)
>
> 快速印刷和印刷行业的其他部分之间的分界线已经难以区分。快速印刷市场正经历着冲击,它已引起整个行业的重组——合并、买断和停业。小型快速印刷公司灵活性最大,这正是在变革时代他们真正的优势。而大型公司需要更多资本投入和具有多种技能的员工。

正如格林霍夫所指出的那样:"一位优秀的商业表格经营人员的最宝贵财富,是具有丰富的关于客户的知识以及对客户的系统管理和需求具有深刻的理解。"他宣称,纸张将比以前有更大的消费量,问题是我们能从哪一部分获得利润。

要对一个行业作出比一般趋势和发展方向更准确的预测是非常困难的。怎样才能为行业的发展做好准备呢?格林霍夫给出的建议如下:

① 了解你的客户;

② 具有灵活性;

③ 让技术成为你的朋友;

④ 最重要的部门从印刷转变成信息系统(IS);

⑤ 努力聆听专业人士的建议,但要独立作出决策;

⑥ 提供服务和销售产品一样,都要收费;

⑦不断提升员工的技能和素质；
⑧对你的公司、产品和服务充满热情；
⑨关注未来但要把眼睛盯在后视镜上。

怎样使用这本书

本书从行业内部和行业外部考察了你的企业正面临的威胁。探讨了如何能减少竞争（甚至在需求降低时）、提高价格和获取应该得到的收益。

本书所包含的思想和观念的价值，是你购书成本和阅读时间价值的很多倍。这些观念向你展示了一个全新的世界，并帮助你快速提升公司的销售额、利润以及个人的工作满意度。

但它不是企业面临问题的权宜之计，它主要是为你公司的生存和发展而进行一次彻底诊断，解决问题还要靠你自己。在目前的市场环境下生存需要想象力。你需要通过视觉和听觉密切注视目前通信行业的变革，为结构变革而欢欣鼓舞，并影响你的同事尝试做新的事情。你可能是一家小型或中型印刷企业的经理；可能是首席执行官或第一股东；或者可能是销售经理、市场营销经理、生产经理、客户服务经理或行政经理。对于任何一位在印刷企业工作的人员或者准备到印刷院校学习的人员，这是第一课。公司里的每一个人都应有市场营销观念，而不仅仅是销售人员。

这本书鼓励你拓展自己的视野——认识到你的公司不仅仅是一个印刷公司，而是整个图文信息产业的一部分；你不再仅仅是手指甲上沾满油墨的印刷工人，你和电视、广播的制作人，报纸、杂志出版商以及互联网中的巨头同等重要。

在这本书中我们使用一个假想的公司——质量、价格与服务印刷公司（或称为 QUI PS）——作为案例研究的例子。它是一个家族企业，拥有 40 名员工和 500 万美元销售额的一般商业印刷公司。在大部分年份里盈利，偶尔也会有亏损。QUI PS 公司由父亲萨姆·德鲁克斯坦（Sam Drukstein）执掌，他毕业于印刷学校。他的女儿萨夏（Sacha）拥有 Ryerson 大学印刷管理工程学士学位，4 年前加入了该公司，充满了新的知识、观念和才干。

在这里也用到了我以前在戴维斯亨德森有限公司（以下简称 D+H）工作时获得的个人经验。我是第三代大股东，做了 15 年总裁和 12 年董事局主席。在那段时间里，公司从一个一般商业印刷公司转变为主要从事支票印刷的专业化印刷公司。我们所服务的主要目标市场是银行、信托公司、信贷集团和其他具有相似业务的公司。在我任职期间，公司雇员从 60 人增加到 350 人；15 年后，目前 D+H 公司在全加拿大几个分厂的员工超过 900 人。它是一个公众的并且利润回报非常好的公司。

你想实现书中所提出的每一个想法和建议是不可能的。那么你如何为你及你的公司获取最大可能的利润呢？我建议你在上课前一周左右的时间通读全书。阅读的时候做好标记和加上标签。将特别吸引你的段落加亮，并在书签上记录下页码。当你完成第一次阅读的时候，记录下标记段落的标题。优先考虑这些段落；然后决定你要执行哪一个和如何去做。在可能的情况下尽量授权，并且在一段时间内只执行一步。6 个月后检查你的结果，并尽可能改进你的计划，这样就有可能把这些建议融入到你的经营与市场营销计划中。

盒子外面的思考

你曾经听说过"范式转变"(Paradigm Shift)这个术语吗?可能是托马斯·库恩(Thomas Kuhn)在他的《科学革命的本质》一书中,第一次把这个术语引入到管理学中。从最初被采用到现在,它已成为商业管理中的时髦用语。范式是一个模型、一种标准或一种理念。如果你从根本上与大部分人没有什么不同的话,你的头脑里好像有一部计算机,每次你打开时,都将会有一个刻板的理论呈现在你大脑的显示屏,即你的脑海里。你知道自己身在何处,知道自己喜欢吃什么,经过片刻思考你就知道今天是什么日子,今天打算做什么,知道自己的亲戚朋友是谁,并记得很多关于他们的故事。

你不需要经过短暂思考就能做很多事情,如穿衣服、化妆、刮脸;你还能说话、走路、呼吸、交谈甚至思考。在此基础上,我们可以列出更多哲学上的基本概念,如在政治方面,你一般持什么观点?你日常生活的精神支柱是什么?你认为税收会带来什么后果?你对死刑怎么看?青少年犯罪率如何?你怎么看待少数族群的平等就业机会?对于这些话题在你的脑海里早就有了清晰的见解。

这种在脑海里自动浮现的框架使人能够掌控自己的命运。如果我们每天早晨起来大脑都是一片空白,我们将在无数次重复作出相同决定中度过此生。有些人将这种框架叫做"范式"。你的范式就是掌控你命运的东西。范式还是一个存储思维的"大盒子",当你不得不改变你的基本思想、信仰、价值观和理念时,就会把新的思想和概念框架存储在你的盒子里。我们称这种转变为"范式转变"——有时称为"盒子外面的思考"。

幸运的是,你不需要每天面对这样的转变。事实上,就如同更换已经生锈甚至根本不能转动的齿轮一样,你面临这种情况的机会非常少。设想一下,当一个科学家努力去说服别人相信地球是圆的,而当时所有人都认为它是平的时,人们的感受是什么样的?你的祖父是如何看待早期的火车、早期的电灯泡、照相机和电话的?你对时空概念的理解,取决于你的相对运动速度。

如果一件发明没有威胁到我们的工作、收入、安全、家庭和基本信仰的话,它将会是一件有趣并使人充满好奇的事物。但如果它威胁到了我们自身,它将被认为是一个邪恶的发明并将毁坏我们的社会。

有些事情存在的时间和印刷行业一样悠久,但这些事情并不能再按照过去常规的办法去对待。关于凸印与胶印哪一个最好,过去有过激烈的争论。随着模拟技术向数字技术的转变,我们再一次经历同样的循环。

通过阅读本书,你会了解到一些令你吃惊的思想观念,而这些观念会和你大脑产生激烈碰撞。我们是一个典型的生产加工型行业,作为一个印刷企业,我们从事印刷,并销售我们印刷的产品。虽然我们销售的是印刷品,但客户购买的并不是印刷品。他们购买的是能够帮助他们促进汽车销售的产品,能够帮助他们沟通交流的产品,能够提升形象的产品,或者购买适合他们数据处理系统需要的产品。

但是我们的客户还没有意识到这一点,他们认为他们购买的是印刷品,因为这正是印刷厂销售的产品。但如果产品与当初的设计不符的话,这些客户就会突然醒悟过来。所以我们是印刷并销售印刷。这是推销观念。印刷行业的著名顾问罗比尔·罗宾逊

(Robbie Robinson)这样说过:"我还会遇到这样的人,他在早晨醒来后就宣称:'今天是一个好日子,我想我需要去购买一些印刷品。'"

市场营销概念是我们应该创造客户需要而又想要的东西,而他(或她)不需要购买印刷品。这种不同也许难以琢磨,但是继续阅读就会发现这是一次深刻的革命。

很多印刷公司持有的是推销印刷的思想和范式。他们除了向企业老员工灌输这一思想,也向新员工灌输,以确保这一美好的过去能延伸到未来。这保证了公司在过去能够做得非常好。但昨天的办法能解决明天的问题和抓住未来的机会吗?

在大公司里,一般都有严格的操作规范。因此往往需要外力来推动公司打破常规传统的做法(这就是为什么财经报纸上充满了外部 CEO 的故事,他们"空降"到让一个濒临破产的公司,使其起死回生)。

整个印刷行业采用的是生产驱动型模式。你所在的公司也许处于既被这一模式所强化又被它所拖累的境况中。然而,在生产驱动型行业采用市场营销理念是有可能的。如果你是幸运的,你的竞争对手正陷入推销模式中,而你通过市场营销观念走在了前面。你一步一步往前走,而他们还停在原地不动;你成了行业的领导者,而他们仍然只是一个参与者;你为自己的公司工作(成了老板),而他们还在别人的企业里工作。

我们的行业正面临变革——不仅在生产方面,还包括市场方面,电子通信技术向传统的商业模式提出了挑战,但如果我们改变传统模式,它同样能为我们提供巨大的商机。

但首先要改变的是你自己,你就是需要范式改变的那一位。你必须准备接受新的观念和变化,只有这样你才能将变革引入公司并予以实施。

我们有很多故事，有的人被困难压倒，有的人克服常人难以克服的障碍而获得新生。想一想海伦·凯勒（Helen Keller）、马哈特玛·甘地（Mahatma Gandhi）、马瑟·特里萨（Mother Teresa）、特里·福克斯（Terry Fox）、纳尔逊·曼德拉（Nelson Mandela），他们每一个人都使自己和周围的世界变得更加美好。

"把事情做得更好"意味着对过去的行为进行改进；"做正确的事情"意味着改变以适应未来。工业心理学家哈维·西尔弗（Harvey Silver）博士曾对他的听众说："如果某些事情值得做，即使做不好也值得做。"

沿着你的范式转变的道路继续前进。如果你检查你每年的资产负债表，你将发现你的主要资产是你的设备。你在这方面已花费了大量的时间、脑力和金钱。在将来，你的主要资产是信息——而它却不会出现在你的资产负债表上。这就是一个印刷企业应该做的——掌控信息。作为一个印刷企业，你在未来将有很好的现金流，现在你必须学习如何去使用它。

为了帮助你获得新的市场营销观念并将其铭记心中，这本书写成手册的形式，供那些还不是很通晓市场营销观念的经理们使用。书中没有难懂的专业术语，如果需要使用新的术语，也给出了解释或说明。

《最终成功的秘诀》一书的作者丹尼尔·肯尼迪（Daniel Kennedy）指出如下事实：你是发生在你身上的所有一切事情的最终责任人。这不意味你对产生问题的原因负责，但你必须负责处理这些问题。

第 2 章

市场营销是什么?

"市场营销"是"销售"的时髦用语吗?不,它不是。下面我们以皮特·史密斯(Pete Smithers)进行的一次销售为例进行说明。皮特是一位非常成功的销售员,在一家历史悠久并拥有最先进设备的印刷公司供职。一头整齐的灰发,无框眼镜,厚重的皮革公文包,所有一切都经过精心装扮(他在35年前进入职场,在车间工作15年后,调到了销售部门)。干净利落的西服套装散发出正直、可靠的信息。

皮特接到乔·布朗(Joe Brown)的电话后来到他的办公室。乔是福克斯仪器公司的采购员。乔坐在一个很大但很整洁的办公桌后面。办公桌铺着大理石作基底的装饰板,上面摆着两支钢笔——商业成功为他赢得了这一切。他穿着体面,戴着金边眼镜,并打领带。

乔:欢迎光临,皮特。我这里有您感兴趣的印单(拿起宣传册的样本)。

皮特:乔先生,我一接到你的电话,就放下手头的工作马上赶过来了。

乔:我要印4色宣传手册,需要印量为100万册的报价。

皮特:让我想一想。12个页码,无单独封面,你想用什么纸张?

乔:70磅1号胶印涂料纸。

皮特:这正好适合我们新的8机组轮转印刷机。这台印刷机刚刚运行了一个月——恰好磨合结束,正好能印出最佳产品。月底之前我们都将给一个优惠的价格,你一定会满意的。

乔:不,皮特,价格不是问题的关键。

皮特:现在,你打算给我们什么样的原稿?是PDF文件吗?

乔:是的,我将给你最终的数码文件。

皮特：什么时间交货？

乔：从今天算起刚好两个月，宣传推广时用。

皮特：货都送到一个地方吗？

乔：是的。

皮特：什么时候需要报价？

乔：大约星期五。

皮特：好的，没问题。我可以带走这个样品吗？

乔：不行，但我可以给你一份复印件。

皮特：星期五我会回来，再次感谢你给我这次机会。我相信我们能给你提供你所想要的产品。

萨夏·德鲁克斯坦（Sacha Drukstein）是 QUI PS 公司的业务代表，是乔的下一个约谈对象。她和皮特的风格完全不同——更富有现代观念。她得体的服装和轻而薄的公文包显示了她受过现代大学教育。她告诉乔，她已经在自己的公司工作了 5 年。她的角质框眼镜衬出她的干练沉稳。

乔：萨夏，很高兴见到你，看一看这个，4 色宣传册，12 个页码，70 磅 1 号胶印涂料纸。要 100 万册，我们将给你 PDF 文件，请你给出个估价吧。

萨夏：非常漂亮的小册子，绝对吸引眼球。你是说需要 100 万册，乔，这是一个什么广告？

乔：这是关于今年我们厨房用具的最新款式。我们计划将炉子、烤箱、电冰箱、冷藏柜、微波炉和洗碗机在第一次推出时特价促销。

萨夏：你的目标市场是什么？让我猜猜，房屋建造商，还是新房主？

乔：你说对了。在批发这一方面主要针对住宅、公寓的建造商以及零售商店,并且我们也建立直销网络。

萨夏:看起来像福克斯公司的新款,这是一次很重要的促销吗?

乔:你得相信,福克斯公司在这方面投资很多。如果这次失败了,对公司将是一个重大的挫折,有些负责人会离职,可能我们也一样。

萨夏:那么你们计划如何宣传呢?

乔:"我将怎样宣传它"是什么意思?你认为你手里有现成的计划吗?

萨夏:对我来说这就像一个宣传单,但坐在我们的工厂里或坐在你的办公室里,它并不能增加销售,这是什么原因呢?

乔:哦,我明白你的意思。那好吧,我们在家庭用品展销会上散发 10 万份,其余的邮寄出去。

萨夏:展销会上需要 10 万份吗?我记得,去年出席展销会的只有 40000 人。

乔:你是怎么知道的?

萨夏:福克斯公司在展销会上,我也在展销会上,这是我的工作。

乔:你说 40000 份,是吗?那么我们可能需要重新确定印量。

萨夏:你说你们将提供电子文件。你们已经在计算机上做好了?你还计划在其他媒体上使用这些文件吗?

乔:"其他媒休"是什么意思?

萨夏:利用网站行吗?福克斯公司想使用网站吗?我们的一些客户已经通过网站来增加销售量。电视怎么样?你对它有计划吗?利用广播、报纸、杂志又会怎样呢?

乔：我还没有想过，但我想你们是印刷企业，全部利用印刷品进行宣传，效果会怎么样呢？

萨夏：乔，让我声明一点，如果我们为你制作了精美的印刷品，但一台设备也没有卖出去，你将会记住我们，不是吗？

乔：哦，可能吧。

萨夏：但如果我们想办法帮你销售出这些设备，你还会记住我们吗？

乔：是的。

萨夏：因此，我们都在努力去做同一件事——销售福克斯公司的设备。现在，让我们来看一下你准备使用的邮寄方式。90万意味着一大堆的地址。邮寄的成本是多少？

乔：还没有计算。

萨夏：好的，我们称一下重量，可能得出一些关于纸张重量的建议。也许你将会把纸张标称重量升至80磅——纸的重量增加一点点，但显得更庄重——不会增加邮寄成本。我想图片已经设计得非常好了。关于促销方面的其他信息，我会给你打电话。你能安排一下让我和你们的广告部门见面，讨论一下关于其他媒体的事情吗？顺便问一句，还有哪家公司也在给这一订单报价？

乔：（有些犹豫）哦，我们只是想通过比较来确信你们的价格是正当的。

萨夏：很大程度上要依靠这一次的结果（你说甚至你的上司也在关注这个）我相信你们一定选择不止我们一家。但是你知道，这不是每个公司都能做得好的。

乔：（深思熟虑地）是的，我选得很仔细。

萨夏：坦白地讲，乔，我一直奇怪你为什么过早就询问宣传册的报价，你们真正关心的应该是如何用最经济的方式卖出这些设备。

乔：我明白你的意思，但还是需要你给出报价，对于你提出的其他建议我们会仔细研究，你给了我们很大的帮助。

回到工厂，萨夏按通常的做法完成了报价。她从估价部门得到的反馈是，成本$70000。"像这样大宗邮寄每一个的成本是多少呢，"她自言自语道，"也许每个20美分？90万份邮件就是$180000！福克斯公司花在邮寄上的钱比花在印刷上的钱还多。我要去邮局看看，如何降低邮寄费用。"

萨夏发现,如果把邮件分类邮寄,福克斯公司将节省超过$10000。随后,她给和他们公司有频繁业务往来的邮局打了电话。是的,他们可以在分装和投递之前利用计算机将邮件进行分类。

萨夏的行为体现了基本的市场营销观念。她认识到她的公司不是孤立的印刷企业，而是福克斯价值链（有时称供应链）中的几个环节。

请记住：皮特是销售人员，乔是购买者，而萨夏是营销人员。我们将不时地重访他们。

价值（或供应）链

什么是价值链？如果你认为自己的企业是一个印刷企业，独立地进行运作，你关于价值链的概念可能如图2-1（a）所示。

当有人提醒你有一个客户，你必须从这个客户手里获得订单，并将最终产品送给他，你的价值链就扩大了一点，如图2-1（b）所示。

但这种扩展是非常有限的，而且这种价值链只反映了印刷企业的观点——还有，面对全世界的客户。你的产品只是整个大的价值链中的一部分。从客户角度考虑，他或她正在进行创造设计，并考虑配送问题；而最终收到这些印刷品的人随后又将其丢弃。你的客户价值链看起来也许会像图 2-1（c）所示的那样。

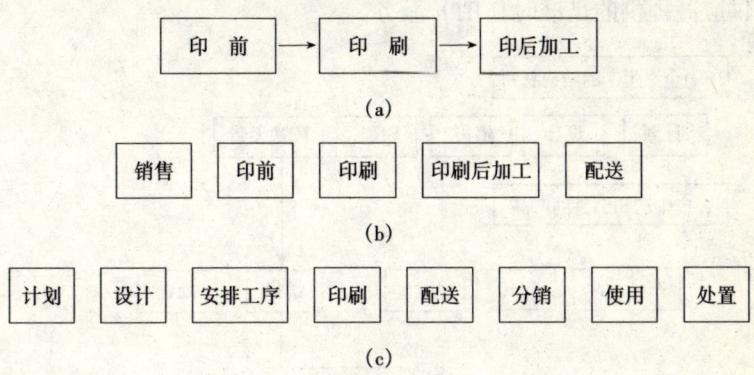

图 2-1　价值（或供应）链的几种模式

但是不能就此停止。如果进一步将你的视野扩大到包括客户和客户的客户（并依此类推），你就会得到一个更大的图片。将你的公司生产的推销手册整合进你的客户的价值链中，它看起来就像图 2-2 所示。

最后这个价值链可以以更复杂的方式绘制，每一个供应商分别绘制单独的价值链。

价值链每增加一个环节就意味着增加成本。但我们希望每一个环节增加的收益大于其成本（因此称为"价值链"），但这并不是必需的。如果某一环节的成本超过了收益，这就需要进行调查研究，问题往往意味着新的机会。

汽车制造商需要关于他们自己和供应商这一价值链的详细的知识，这样他们就能够制定计划并有信心做到准时配送。他们想确保在客户需要的时候，给客户提供他们需要的产品和服务，但他们同样想避免额外的成本开支，如额外的库存成本或由于某一零件或材料短缺而导致生产线停止的成本。《多伦多星报》是多伦多地区主要的日报，新闻纸的储存量只够一个星期使用，纸张供应商提供的是准时（JIT）服务。

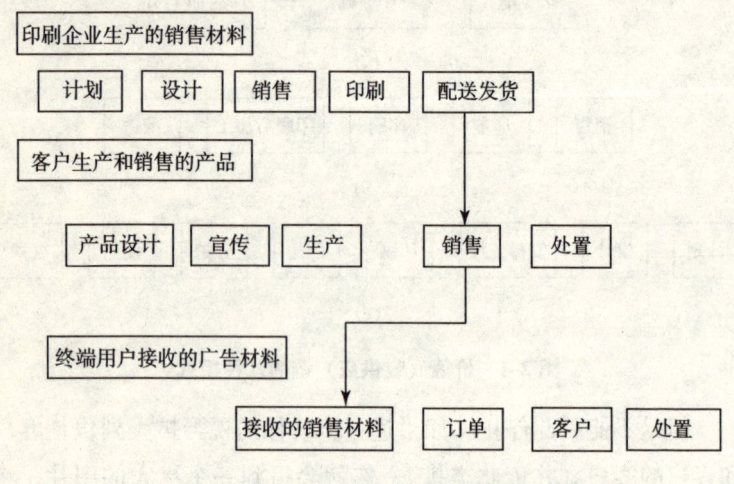

图 2-2　更为复杂的价值链模式

价值链的研究可以使印刷企业发现潜在的机会。例如，广泛地选择供应商；由供应商承担企业的一些管理工作；把原来企业内部完成的服务转给客户或其他供应商来完成。

在价值链内部，"配送"环节引出分销渠道。分销渠道是把产品或服务转移到客户手中的必要的输送者。它可以仅仅配送产品，或者把销售和配送结合在一起。你可以考虑选择可以负责维修和保养服务的渠道，或者是为这些运作建立新的渠道。

例如，厨房用具的制造商必须考虑如何将他的产品传递到客户手上——是通过商场还是特别的零售商；是通过公司销售人员和配送服务直接提供给客户,还是通过外部的托运机构实现配送。哪一个或哪几个托运人?产品能否放进其他制造公司(如家具制造商)的运输装置中?

> **从价值链中发现隐藏的商机**
>
> 一个以银行业为主要目标市场的印刷企业,正受到竞争者价格战的困扰。昔日丰厚的市场回报正逐渐减少。他们对所服务行业的难题已经研究多年,并且相信这一领域还有赢利的机会。他们决定和他们客户中的某些高级经理人员(通常是采购代理人)进行面谈,以发现他们的一些还没有被满足的需要。
>
> 一次谈话中,她获得在价值链末端(处置)存在问题的线索,并认为她可以开发利用它。银行和其他相同机构都有处置过期票证方面的问题,例如客户报告复印件、旧支票、存折等。然而,这些非常敏感的资料,它们不能被简单地扔进垃圾桶里。
>
> 印刷企业设计了一辆带有文件粉碎机的废品运输车,后来就变成两辆、三辆直至更多。车子由得到授权的驾驶人员或操作人员驾驶,他在现场收集废品,在客户的监督下粉碎它们,然后把它们打成包。他们不但可以通过为客户提供服务收取费用,还可以把废纸卖掉。
>
> 但那不是印刷,对吧?这取决于你能把价值链延长多远。为什么不让价值链跟随你的产品,直到产品被遗弃呢?为什么不让你的企业成为整个价值链的一部分?

你也许认为印刷企业不需要考虑配送渠道。很多公司通过航空、公路和铁路提供适当的配送服务。价值链中这一环节的成本直接转移到客户头上,很少出现在印刷企业的账单上。但如果你这么想,那就错了。对于买方来说,配送成本是他或她所购买产品成本中很大的一部分(正如你在福克斯用具公司的例子中看到的那样,运输成本实际上超过了印制成本)。营销导向的印刷企业考虑这一部分，并考虑如何为买方提供最好的价值。

理解客户在配送方面的机会和问题，能够让你提供更优质的服务——设计的产品功能超出客户的预期。没有比超过客户的预期更有竞争力的了。

市场营销的定义

市场营销的含义究竟是什么？它如何为你的企业带来收益？看一看罗里·哈里斯（Roly Harris）给市场营销下的定义：

> 市场营销是供应商以客户愿意支付的价格，在客户需要的地方和需要的时间，给客户提供他所想要的商品和服务，同时供应商又取得利润。

1. 客户想要什么

在交易市场，市场营销人员对"需要"和"想要"进行研究分析。首先，需要是人们为了生存所需要的基本东西：食物、水、居所、服装、睡眠。可以把这些需要进一步细分，例如，你现在对服装的需要是新的袜子。

但是在基本的需要获得满足之后，就会出现更高级的需要。这些包括友谊、认可、个人成长、愉快等（亚伯拉罕·马斯洛把这几个层级的需要定义为"需要等级"）。

在市场的条件下，这些需要变成了想要。我的需要是食物，我想要一个汉堡包。我需要被认可，我想要一辆彰显身份的轿车。有时我们的愿望如此强烈，使我们忽略了我们的需要。你的儿子需要新的袜子，他想要一个新篮球。你面临的挑战是将他对新袜子的需要变成想要（这将需要一个具有魔力般的袜子，能给他带来如篮球一样的满足)。

乔需要他的工作,因为这份工作给他带来了个人满足、友谊和收入。他的工作是设法得到能帮助他们公司销售产品——厨房用具——的广告。他想要印刷广告宣传手册。

绝大多数印刷销售人员从来没有停止思考隐藏在每一次销售接触背后的这一过程。如果他们这么做了,他们将探明那些需要并保证使他们满意。

在萨夏和乔的谈话中,萨夏询问了这次促销的重要性。乔的回答是:"福克斯公司在这方面投资很多。如果市场反应冷淡,这对公司是一个重大的打击,有些负责人会离职,可能我也一样。"

这里她已经窥视到乔的真实需要所在。他需要确保这次宣传促销能获得成功,因为他的工作依靠它。买家也许会暴露他们想要什么,但他们对销售人员经常是设防的。

这里还有一些没有被认识到的想要的东西。在多克·马丁(Doc Martin)鞋被推向市场之前,没有人需要马丁鞋。在棋盘游戏被发明之前,没有人想要玩它。在 IBM 主机刚开发的日子,几乎没有客户会梦想有一部台式计算机;如果他们有了计算机,他们也不知道用它做什么。

客户是独立的个体。我们也许会把客户作为一个群体,但我们的客户并不认为他们自己属于我们所划分的群体。因此,他们从没有捆绑在一起并喊出想要的同一个新东西。

客户在可得到的现有的东西内进行挑选。也许一个客户想要一辆黄绿色的轿车。但我们不能就此认为很多客户都需要黄绿色的轿车。新的市场想要的东西是被这些人发现的,他们聪明绝顶,并相信如果他们制作出人们负担得起的产品并让世界知道这个产品，想要就被创造出来了——一个被广泛扩散的想要的东西。

这是一种高风险的市场赌博。根据产品投放市场的经验估计，这样做的成功概率只有 1/20。然而高风险蕴涵着潜在的高回报。成功的营销人员把"高风险"变成"可计算的风险"，并提高了成功的概率。

2. 客户在什么地方需要

如果与客户的距离很近，我们就把产品直接送到客户的办公室、仓库或其他方便的地方。如果与客户的距离很远，我们会打电话给运输公司，让他们负责运输，当然运费由客户支付。

这是在浪费机会。是在哪里使用产品？或许是要把产品直接邮寄给成千上万个最终的用户；或许是产品或说明书，要和其他商品包装在一起，然后进行广泛的分发。不论最终如何使用，它不太会是你被要求要送到的地方。

为什么不从整个价值链考虑，并尽可能承担得更多从而让你的客户更容易生存，也能为你带来更多的利润呢？

在福克斯用具公司的例子里，乔没有提出配送的问题，皮特也从来没有考虑这一问题。但萨夏发现了这个问题。她指出只有 4 万人参加了去年的家庭用品展销会，所以计划在今年的展销会上分发 10 万份宣传手册是不现实的。在 100 万份宣传册中，买方计划把其中的 90 万份从印刷厂直接邮寄到客户的办公室。

3. 客户在什么时候需要

所有印刷商都面对这个要求。由于印刷商接到订单后要推迟一个星期才能交货，因此买家习惯于根据需要的时间，提前一个星期发出订单。如果销售人员与买家关系融洽，他或者她会查明印刷品准确的投入市场的时间表。什么时候必须发出邮件？那个日期同其他广告媒体一致吗？填写地址、装入信封以及寄邮件要花费多长时间？印刷商可以提供的最后交货日期是什么时候？

4. 客户愿意支付的价格

在后面的几章中会详细讨论定价问题，所以在这里只作简要介绍，通常客户愿意支付的价格是基于对印件价值的认知。这与生产成本多少无关。一个棒球运动员签订了一份数百万美元的合同。他一个赛季的花费究竟是多少？给他支付几百万美元是他为俱乐部赢得了胜利，对俱乐部来说，他值这么多钱。

当你对一单活件提出报价的时候，如果你发现价格是决定性的因素，那么你是在卖一件商品。例如，你能在上百家汽油站中的任何一家买汽油。大多数汽油站都是自助式服务，因此你无法区别服务的不同。汽油公司还没有在各种各样的供应商的产品之间建立一个具体区别。因此当你购买商品时，你可能会选择价格最低的商品，或距离最接近的地点，或到朋友的商店去买。

但是把你换到乔的角度，将萨夏与皮特比较，哪一个做销售人员更好呢？

5. 供应商获得的利润

如果印刷商没有改善他们公司的经营状况，即没有实现增加销售量、增加利润、增加有才能的人才，而最终是增加净资产的目标的话，这样的印刷商就不能从事市场营销。从这句话中，哈理斯排除了你将会发现的大部分机会。

可能你的客户想要一份优惠的汽车出租计划，或为内部职员开设销售培训课程。这些需要可能不是你的专长，那就坚持做你最擅长的事。当然，的确有印刷企业进入纸张粉碎和废纸清理业的故事。这要归功于他们对未知领域的探索，他们认识到这是客户价值链的一部分。可能那只是一个特例。可以保持在价值链里，但要偏重于你熟悉的服务领域。

第 3 章

客户导向

客户忠诚

海狸报社的总裁桑迪·唐纳德（Sandy Donald）说过："印刷行业唯一的赚钱方法是拥有长期客户。"

客户当然是你生意的命脉,但并不是所有的客户都是一样的。有些客户更有价值,因为他们能提供大批量的订单,他们的订单可以赢利,他们忠诚、稳定并且长久,或者仅是与他们做生意很快乐。这就是先进的印刷企业关心其客户终生价值(LTV)的原因。

客户终生价值的公式是：

$$终生价值（LTV）= 每年利润 \times 概率寿命$$

后面一项是客户的忠诚度、稳定性和交易满意度的主观评价——将未来分解进每一年中。终生价值高的客户是值得保留的,而且应该建立个性化档案。

首先要注意这一事实,购买你产品的是公司的人,而不是公司。忠诚在很大程度上是人际关系。当有人员变动时,与客户的这种关系容易受到很大的影响。可能新的采购员想要尝试不同的选择,或新的总裁想要对所有采购进行重新检查。

考虑人的因素,就是你应该围绕你服务的客户制定策略,而不是围绕你生产的产品制定策略。管理人员、营销人员和沟通人员应该与客户进行直接接触,而不是被智囊团包围或被销售人员保护起来。

怎么做才能尽最大的可能留住最重要的客户？以下是几点提示。

①在不同的层次与你的客户保持持续的联络,包括人与人及组织与组织之间的联系。

②保证最高层次即总裁对总裁的联系至少每季度一次。

③建立客户所在行业的信息通道。
④测量回应客户质询的时间,并缩短它。
⑤坚持售后服务跟踪。
⑥监测客户来的订单的增减或迟后变化。
⑦由公正的民意调查人员用邮件或电子邮件对客户进行调查。
⑧在社交或商业场合与客户的高级主管及采购员会面。
⑨在开放日拜访你的客户的雇员,并安排你的雇员参观客户办公室和工厂。
⑩表示感谢。

由于每个人、每个公司都互不相同,所以对每一个终生价值高的客户,都应该尽你所能地收集、保留、监测他的信息。这些信息应该由相关的销售人员、客户服务代表、工厂管理人员、办公室职员、配送和库房人员以及高级主管正式记录。市场营销是每一个人的事情。福克斯用具公司的例子能够告诉你,你应该获得什么样的信息。

哈蒂出版社使用终生价值

纽黑文市哈蒂出版社总裁乔治·普拉特(George Platt)这样说:

"在康涅狄格州 700 多家企业激烈竞争的印刷市场上,我们作为印刷企业,没有任何独特优势。我们通过为我们客户中对邮寄不满意的客户建立信件商店,创造了一个独特的服务方案。这回答了我们潜在客户的问题——结果如何?

你在营销中所做的一切就是在购买客户。如果你不知道他们的价值是什么,你就不知道在建立新关系方面你能做什么。一旦你认识到了终生价值的重要性,你不需要对你的直接邮递的数字有太大反应,你只要知道这样做就会年复一年地产生和你在一起的客户。

我最好的客户在销售上的终生价值超过 6000 万美元。在营销和销售上我应该怎么做才能创造出那些当中的一个呢?了解终生价值能让我比竞争者更快地成长,他们仍然在摇头并说:'这家伙正在做什么呢?'"

> **信息文件样本：福克斯用具公司**
>
> 最后更新日期：00/00100 LTV：700万美元
>
> **企业特性**：制造、营销、销售（批发和零售）大型厨房用具；被认为是国内行业中的领导者；大约占33%的市场份额；有良好的可信度和良好的雇员关系（开放式企业）；大约有700名雇员在3个工厂中工作。
>
> **总裁**：缪里尔·斯坦利（Muriel Stanley）。拥有炊事用具行业的丰富经验，在福克斯公司工作15年，从营销总监开始上升；有控制公司的能力，有洞察力并有热情，受到职员的尊敬；精通他所经营的各个方面。总裁年龄约55岁，妻子艾伦；他们有一个儿子，两个女儿，子女都已结婚；还一个孙子。
>
> **采购代理人**：乔·布朗（Joe Brown）。有能力，有经验，在福克斯公司工作只有3年，但在竞争对手动力公司（Dynamic）已工作了10年（离开动力公司与财政稳定有关）。在靠近马甲的口袋里放着名片，不太容易了解个性。第二位妻子是苏珊娜（Suzanne），没有孩子。
>
> **采购决策方面的其他人员**：马里琳·马丁（Marilyn Martin），营销部主任，西部大学工商管理硕士。新到公司，但是决心要有所作为；喜欢研究；经验不多。和蔼可亲，热心，开放，单身。
>
> **优先采购标准**：准时交货，营销支持，印刷和配送建议，价值，在预算内。
>
> **批量和收益性**：每年的采购额是160万美元，主要是从QUI PS购买，其余不是由我们生产（如丝网印刷的条幅等）。我们获得很高的利润，但提供许多服务和建议。

几乎不能积累足够多的信息。然而，如果信息不是最新的和能被使用的，那么它就没有什么价值。

客户创造

有三个方法增加你的业务量：
① 增加你在现有客户业务中所占的份额；
② 增加每次销售的平均价值；
③ 增加你的客户数量。

客户服务

关于你的客户的最后的想法是，你不能让你的客户感觉与你做生意太容易。一个不好的例子是：我最近从贝尔公司购买了一个叫做 Expressvu 的电视天线接收器。我带着一个很难携带的大箱子和一个电话号码，离开了贝尔电话中心。

显然贝尔没有安装天线，我必须与一家被称为 Entourage 的公司联系。我与 Entourage 公司联系时，他们问的第一个问题是："你是否给贝尔交了 50 美元的定金？"

"我不知道。我刚刚用 VISA 卡支付。但是我有两张 100 美元的返券，我可以用它支付给 Entourage 公司。"

"不是 Entourage 公司。那是为购买 Expressvu 付的钱，而不是安装用费。返券那只能在每月账单中抵用。而且你选择的是最少的频道，所以你只能用一张 100 美元的返券。当你寄回第一个月的账单时，你可以把一张返券寄来充抵第一个月的费用，并直到返券的金额用完。明白了吗？"

这不是真的。显然我能够留下一张 100 美元的单据把它装起来。

这样做对于供应商很容易吗？是的。对于客户很容易吗？不是。

如果你把重点集中在有最好终生价值的客户身上，就应该自动地处理上面列出的前两个项目。请把第三项记在心中：有大量潜在客户，但不是所有潜在客户都具有相等的潜在价值。为什么

要在终生价值不高的客户身上花费时间呢？作为经理，你的时间是重要的资源。但不幸的是，它的数量有限，因此你必须学会选择性地投资。你必须学会如何利用你的时间。

潜在新客户的最好来源，是通过现在满意客户的推荐。你可以购买邮寄目录，根据不同的变量——地域、行业、企业规模等进行划分。一个好的经验法则是，20个好的信件联络能得到8个电话或信件回应，其中有2个可发展为直接面谈，进而产生1位客户。所以，如果你需要50个新的客户以达到你的销售目的，你需要从一个有1000个条目的目录开始。

以客户为中心

一般印刷企业每月召开一次全体员工大会。作为议程的一部分，首席执行官邀请客户的高级官员到公司参观，并与员工谈话，告诉员工他们哪些做对了、哪些做错了，客户与企业中的每一个人员——印刷工人、裁纸工人、汽车司机、文员等——直接交流。

这种讨论方式对双方都有益处。职员认识并尊敬给他们支付薪水的人；客户会因为他或她有机会与有前瞻性的公司的团队谈话而被打动。这样客户就不会轻易结束他们的合作。

一位营销导向的销售人员

查尔斯·巴克斯特（Charles Baxter）是戴维斯亨德森（简称 D + H）有限公司的一位销售人员，不是很了解印刷。相反，他专注于银行业。他每个星期都读财政公告，每个月都读美国银行家杂志。如果某个银行正进行一些新的活动，他会和银行总裁通话，并探讨新产品或服务的市场表现如何。如果他认为他的一个客户能从新的项目中受益，他会安排他的一个客户的高级主管去实地亲自考察。如果项目要求印刷（而且经常需要），巴克斯特和 D + H 通常得到了印刷合同。

客户创造总是必要的；因为即便你已尽心尽力，还是会流失客户。对客户的状况每年都进行监测，以确保流失情况不再增加。对那些离你而去的客户，在尽可能高的层面进行告别会谈。如果你看出了这一趋势，你就找到了问题所在。在解决问题方面，识别问题是解决问题的关键。

销售和营销

"销售"和"营销"是两个完全不同的世界。印刷企业在传统上是生产导向型企业。参加任何印刷设备展览会，你会发现这里聚集了大量的印刷商和印刷销售人员，他们想获得关于印刷行业未来生产发展趋势的信息。但是你在何处能找到营销导向的销售人员呢？在福克斯用具公司的例子中，萨夏出席家具展销会，是因为她的最重要的客户在展销会上有一个摊位。营销人员要到他们的客户所去的地方，如出席银行业务研讨会、加入餐饮业协会、出席时装表演、在客户的零售店里闲逛，甚至对客户的客户进行跟踪调查。

印刷商通常擅长销售他们生产的产品。文斯·马拉德（Vince Mallardi）是一个印刷管理顾问，他抱怨说印刷企业在创造供给方面比在创造需求方面要好得多。想一想皮特在销售公司新卷筒纸轮转印刷机性能方面的情况。为了销售我们生产的产品，我们给销售人员高的薪水和大量佣金。一些销售代表期望生产跳过最微小的需求，因此在印刷行业中，销售和生产之间存在紧张关系是奇特现象。

> **保证交货日期**
>
> 　　由于生产过程中存在很多变化因素以及客户对印刷企业提出的无法预见的要求，保证交货日期是非常困难的——但并不是不可能。
>
> 　　如果公司未能按期交货，印刷企业会承诺给一个价格折扣（条件还讲明，如果是客户的原因导致延迟，就没有折扣）。他已经与贸易商店签订合同，对最后预定的人员作了详细登记。
>
> 　　这个印刷商偶尔需要兑现承诺，但经常是按时完成并准时交付。他有一张很长的忠诚客户名单。

　　那是销售场面。然而在营销中，被关注的焦点是客户——客户不但受到销售人员而且也受到整个公司的关注。销售人员和客户服务人员总是把焦点集中在客户身上；但是在营销导向型的公司里，会计部门关注的是如何让账单的开列和支付更愉快；生产线上的员工最优先考虑的事情是如何让客户满意；配送人员在与客户的交往中显得非常礼貌得体；甚至保洁人员在营销中也占有一席之地，他们让公司的场地和设备保持整洁，这会给客户留下深刻印象。营销不只集中在一两个部门；它渗透到整个组织中。

　　然而客户导向并不是简单的以客户为中心，它实际上意味着将自己放在客户的位置上。

　　你是否曾对自己说过"这个客户的要求不合理"这样的话？那就把你自己放在那位客户的位置上吧。如果他或她是诚实的买主，那名客户就不会认为要求是不合理的；它可能是困难的，要求过多，甚至是不可能，但不是不合理的。从客户的观点出发，你所要生产的产品时间表，可能是客户的公司中其他人制定的。因此客户不想要听到说他或她的要求是不合理的。告诉客户印件是如何加工出来的；如果不可能生产的话，告诉客户你能提供什么样的替代选择。

你可能做的最坏的事情，是同意一个不可能的交货日期，结果无法按时完成。然而对印刷企业共同的抱怨是：印刷企业敢于承诺但是不能兑现承诺。成为营销导向型印刷企业的第一步，是首先处理这个问题。

购买步骤

当你扮演买家的角色时，你会发现一些作为卖方不容易发现的有趣事实。例如，一个新买家从不知道你或你的产品到实际上购买和消费你的产品的过程是一条合乎逻辑的途径。如果价值链能把生产和消费期间发生的事情给予公开，购买步骤就显示出在市场上发生的事情。请注意，价值链和购买途径最后会汇合在一起。

买家或客户通常一次只采取一个步骤（偶尔是两步或三步），但很少冒险直接去购买一无所知的东西。对购买所经过的步骤有一个基本了解，我们就能学会充分利用我们的资源，以尽可能快速、经济和可能的方式，让潜在客户进入第6步——购买。

印刷业的传统做法是，把报价单交给一个新业务人员，就让他走出去拉业务。这些缺乏业务培训的新手逐门逐户拜访，除了遭受冷遇，什么事也做不了。他们遭受冷遇，被称为"冷访者"，是因为潜在客户还处在第1阶段——对供应方缺乏了解。买家不了解你的公司，不了解你的产品，而且不认识你。采用走访这种方法，会让那些认为走访是浪费时间的买家疏远与你的关系。从印刷商的角度看，真正的问题是："我们为什么用昂贵的逐门逐户的方式向买家介绍我们的企业和产品？"

利用广告，或者利用直接邮递、媒体广告、网页甚至电话营销，能更有效地推动买家从第1步进入到第3步——从不知道到知道。从第4步到第6步，采用直接联系（一般称"直接营销"），或者推销员对买家，或者电话推销员对买家，会更加有效地增加兴趣、需求和购买欲望。在印刷行业中，一旦你知道买家感兴趣，你就应该马上安排计划进行走访推销（假定你作为印刷商，对这个特别的买主感兴趣）。

购买步骤

1. 不知道——"我从未听说过你们的公司或你们的产品。"
2. 初步知道——"我已经听别人说过你，但是知道得不多。"
3. 知道——"我熟悉你们的公司和你们的产品。"
4. 感兴趣——"也许你们的产品是我想要的产品。"
5. 想要——"我想使用你们的产品。"
6. 购买——"我想要下一个订单。"
7. 接受——"它是否与我期望的一样好？"
8. 付款——"我预期的支付是多少？产品的价格是值得的吗？"
9. 体验——"当我使用这些产品时，我的确了解到你们的产品适合我的需要。"
10. 产品处置——"你的产品已经完成了它的使命。我不再需要它了。"

买家下订单以后，绝大多数销售人员都在考虑他们要做的印件。但购买只是整个过程中的第6个步骤（下订单）。这些销售人员无法体验第7步——接收来货时的情感是什么样子。买家已

经完成了计划和设计；接收订单是他或她第一次看见自己努力的结果。设想如果印件是被一个使劲嚼着雪茄并且满身汗水的送货人员送来，客户的第一印象会是什么样？印刷厂通常不会考虑这些细节，但营销人员会。甚至在最终交货之前，一些销售人员会亲自把最终成品的样件提供给买家。

销售人员最不想要步骤8——付款。他们认为定价和收款是管理部门的职能；因为他们知道这些是敏感的区域，他们想要远离它。但是客户代表必须相信公司对其提供的产品或服务所收取的费用是值得的，并且销售人员必须承担说服客户的责任。

步骤9——体验——这是许多推销员错过的机会。销售人员通过向客户询问对已配送产品的体验，能够获得有价值的见解。客户对产品满意吗？质量可以接受吗？它符合客户的需要吗？它达到了预期的目标吗？客户对这些问题的回答让销售人员进一步了解客户，这对未来的工作是有价值的。

几乎没有几个印刷销售人员曾经想到步骤10——产品处置。现实地讲，这种机会很少，但有时候会发生：一位印刷工人开发了纸张粉碎机，它可以把办公场所的保密文件撕成碎片。你还记得这个故事吗？

买家与卖家之间的相互往来，可能是依赖关系，也可能是交易关系，或者是二者的组合。以一个剥树皮的工人在商业展览会上销售刀子作为例子，可以非常恰当地说明纯粹的交易关系。这样的卖方不期待再次见到客户；他只有一次商品展示机会，并且他的工作只是卖刀子。房地产、汽车和百货商店销售人员是另外一类例子。虽然这种类型的公司也可能试图尝试建立"高层首脑"关系，或通过公共广告或企业商标树立企业的形象。

因为印刷商想要并且期待做重复生意，所以大多数印刷商希望和买主建立长期依赖关系。把关注的焦点集中在印刷商的产品上，是建立交易关系；把关注的焦点集中在买主身上——关注买主的公司、产品和服务以及它的客户——往往能与其建立长久关系。

第 4 章

营销阶梯介绍

精美贺卡与礼品公司的总裁兼首席执行官贾尼斯·沃德吉（Janice Wadge）认为，明天的印刷企业犹如攀登营销阶梯。沿着梯子等级攀登，让印刷企业从一般的商业印刷企业上升到成为客户价值链中的合作伙伴。

当你阅读阶梯各等级的特征后，尝试确定你的公司在阶梯上的位置（图4-1）。你可能会发现在这个时候所有的特征都不适合你的公司，或者你可能发现你和你的一些客户在某一等级上，而另外一个等级上是其他客户。你总是渴望爬得更高。

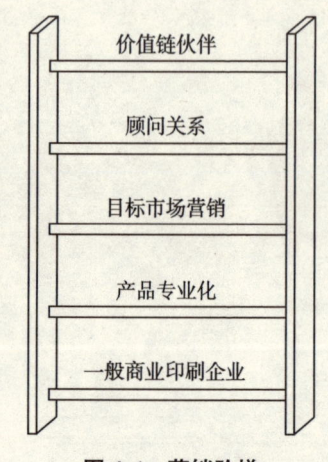

图4-1 营销阶梯

在地面上：一无所知

- 高声开场白："我并不假设你今天想要任何印刷"；
- 起始工作；
- 从工匠转变为企业家，没有受过销售培训；
- 除了工匠之外，只有很少技术知识，却想通过一两个人就完成很多工作。

1. 一般商业印刷企业：采取防御战术

- 生产和销售商品（印刷品）；
- "谈话"销售（午餐、曲棍球票和良好的伙伴关系），很少或没有独特销售模式；

- 在印刷和维修方面可以提供可以接受的质量水平；
- 把焦点集中在增加产量上；
- 价格导向销售；
- 高价格竞争；
- 依据目标制造成本定价，由于竞争而降价；
- 客户与供应商的联系是销售人员与买家的联系；
- 产品驱动型组织结构；
- 以佣金为基础的销售激励；
- 市场份额是没有意义的：市场极大而份额很小；
- 低利润。

2．产品专业化：快速反应

- 生产和销售几种产品（下列产品中的 1~3 个产品：表格、广告材料、文具、菜单、小册子、目录、票证等）；
- 为了提高专业化产品的生产效率，正在使用专业化生产系统；
- 销售产品的特点；
- 高质量；
- 关注增加专业化产品的生产数量；
- 生产和销售驱动的组织结构；
- 客户与供应商的联系是销售人员与买家的联系；偶尔会有员工同时属于两个组织；
- 比第一级阶梯的竞争者少，但很少能保持持续的竞争优势，仍然是价格竞争；
- 为获得竞争优势，往往增加服务（或成本）而不是提高价格；
- 以佣金为基础的销售激励；

• 有时候市场份额是可测量的，占有相当份额的印刷企业有可能成为价格领导者；

• 根据成本建立价格明细表，但还要以竞争者的价格为参考；

• 容易受产品过时的影响；

• 中等利润。

3. 目标市场销售：搜寻目标

（有时候在第二级阶梯发生之前，就会出现第三阶梯。）

• 产品专业化导致市场专业化（或者相反）；

• 把关注的焦点放在公司了解并能提供最佳服务的少数几个市场；

• 开展市场研究；

• 围绕这些市场开展销售和管理培训；

• 客户与供应商存在多方面、多层次的联系；

• 采用团队方式进行销售（销售人员可能会加以抵制，因为他们必须把个人的力量贡献给团队）；

• 转变成市场驱动型组织结构；

• 产品具有重要的服务特性；

• 仍然以增加服务或成本为主，而不是提高价格；

• 市场知识支撑的持续的竞争优势；

• 以薪水为基础的销售酬劳加奖金；

• 市场份额的意义更加重要（识别市场和产品）；

• 价格受市场价值影响，而不是单纯的成本加成；

• 不易受产品过时的影响，有更加明显的替代选择；

• 赢利提高。

4. 顾问关系：快速反应

- 关注为客户的需要和价值服务（增加特点）；
- 销售导向是协商式的，不是"接到订单且马上实施"；
- 获得充分持久的竞争优势；
- 寻求更长期的合同而不是一次性销售，合作包括双方组织的高级主管；
- 账户管理是在客户团队和供应商团队之间进行沟通；
- 酬劳是薪水和奖金；
- 整个组织成为一个整体（不是被一个部门驱动）；
- 市场份额的增加是重要的并且是可以确定的；
- 利润丰厚。

5. 价值链伙伴：积极的

- 集中在客户过程和供应商整体部分（如准时制、客户存货控制、客户发行任务、为客户的产品包装、客户产品广告、终端用户订单的配送）；
- 供应商可能掌握着客户的基本资料，而且客户可能依靠供应商的数据；
- 供应商有广博的市场知识，团队与客户有共同的语言；
- 团队是有知识的，并且能在客户制订计划和目标时给予帮助；
- 创新并主动为客户提供更好的服务；
- 研发是主要的成本因素，但能带来很好的利益：
  ——在客户的业务中，可以延伸到终端用户的需要研究；
  ——在生产中，供应商不断寻求效率和可靠性。
- 值得信赖的供应商赢得忠诚的客户，而且拥有高的终生价值得分；

- 客户对供应商的相互往来是采用多种方法（高级主管是在可以直呼其名的基础上）；
- 酬劳是薪金（工资）加上奖金，也可能利润分享；
- 竞争仅在每年的合同签订时；
- 根据市场价值定价，不是成本加高边际利润；
- 高赢利。

多数印刷企业发现自己处于阶梯的第一个等级上，属于一般商业印刷企业。但这里企业很多，相当拥挤——因为还有许多其他印刷企业在以典型的销售日用品的方式销售印刷品。向高端攀登的道路漫长而艰难，没有几家企业能攀登到顶点。攀登得到的好处是每上升一个等级，竞争者就会减少。每个等级提供的机会是能让客户更满意、更多销售额和更多赢利。

许多印刷企业发现他们自己横跨两个甚至三个等级。针对不同的客户运用不同的方式进行运作。发现这一事实是非常有价值的，因为它允许你检查为什么你仍然有一只脚在一个更低的等级上。例如，你也许可以在高的等级为某一群客户服务，但是害怕提供更好的产品或服务会反映在价格的增加上。这个简单的事实是，维持你的价格的同时，由于你提供更好的服务而增加成本，必然导致利润减少。

还有许多其他因素影响利润。例如，你可能喜欢由于提供优质产品和服务而带来的业务量的增加，并且增加业务量可能产生比以往更多的利润。如果你销售的是更好的产品或服务，但与竞争者价格相似，你的利益正在流失。为了反映市场价值而不是生产成本，你需要检讨你的定价策略。例如，考虑一下，你的成本系统是否真实反映了主管和销售人员在改善产品或服务上所增加的时间。

印刷业管理顾问文斯·马拉地（Vince Mallardi）根据他多年的经验评论道："我们从印刷中获得越多，我们获利的潜力越大。"关于赢利能力与生产工艺的对比研究（图4-2），证实了这个说法。

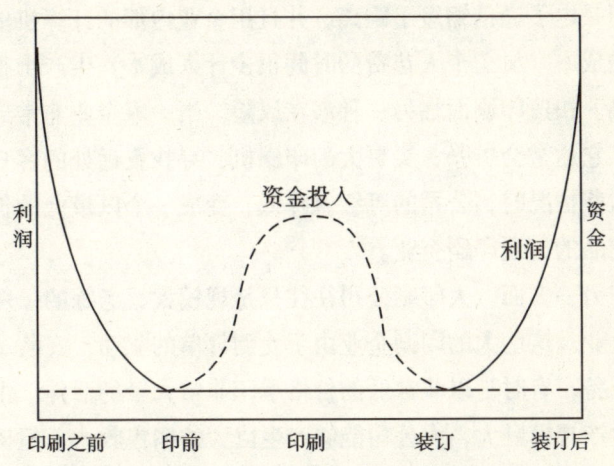

图4-2　各种生产工艺的资本投资与利润的关系

应该注意：印刷阶段资本投资最大，但赢利回报最低；利润最低的原因是只卖印刷品。印前不要求高额投资（以前已经投资），但因为印前存在过量的生产能力，回报不是很大（至少部分由于设备费用较低）。在印前之前的一个阶段，包括设计、邮寄目录和企业名录，要求的投资很少，但有很高的回报。同样，装订后的阶段（如分装、邮寄、分发、配送），需要的投资稍微高一点，但有较高的回报。许多印刷企业不考虑这些工作，因此他们错过了潜在的获利机会。

我的研究表明，公司规模和他在阶梯上等级的相关性很小。一些很小的公司——少于10名员工——由于靠近客户，有时候专业化程度较高。一些与客户距离很近（在步行距离内）的快速印刷企业为客户提供服务。即使他们只提供印刷品，由于接近市场而竞争很少，而且他们的产品和服务价格，客户也认为是值得的。

但是电子通信缩短了距离，并且用企业内部的计算机能以非常低的成本（员工个人花费的时间很少计入成本）生产出很好的印刷品。快速印刷面临另一种潜在风险。当一家企业非常成功的时候，它通常会扩张，买更大的印刷机，寻找更远处的客户。当发生这些情况时，公司的等级就降低，变成一个以最低的价格销售印刷品的普通印刷企业。

在另一方面，大印刷公司往往只是规模大、老练的一般商业印刷企业。这些大的印刷企业由于受到订单的驱动，安装了多台轮转设备，有时是以非常低的价格承印非常大量的活件。由于他们的生产规模巨大，大公司能够产生巨大的销售收入，但销售回报并不比那些小规模的竞争者好。

处于第二等级的印刷企业，经常在他们的产品范围内发现自己的专长。如果市场足够大，他们集中在获利丰厚的领域，而逐渐退出几乎无利可图的领域。这种转变可能出现在任何规模的企业中。事实上，由于小型企业灵活，所以小型印刷企业常常有更好的机会。

当你达到第三等级时，竞争者开始变少。任何规模的企业都可以努力进入这一阶段，但大公司由于有更多资源开展市场研究，结果可能超越小公司。

尽管很多销售和营销顾问强调所有公司都应该达到第四个等级，但是没有几家公司能达到这个目标。由于受资源和专长的限制，小公司达到这一等级的难度更大。为了能给客户提供咨询服务，小公司应该考虑与外部专家合作。

攀登营销阶梯的印刷企业必须意识到集中战略的重要性。既是通才又是专家是非常困难的。为了提供印刷技术方面的咨询服务，销售人员必须是真正的印刷专家。为了提供营销咨询服务，销售人员必须知道并了解内部工作程序、市场机会和所服务行业中的问题。印刷商需要具备这些知识，才能更好地了解客户想要什么、何时需要、在哪里需要以及他们愿意支付的价格。

攀登营销阶梯并不保证一定增加赢利。除了营销因素外，还有很多其他因素影响到利润——如资金来源、管理、适当和适时的资本投资、劳资关系、营业额、产品的生命周期位置、竞争的程度与范围。就如管理的其他领域一样，营销本身也可能犯错误。

赢利是回报——做正确的事情比把事情做正确能取得更大的回报。营销是做正确的事情。

在《创新者的困境：当心技术导致大公司失败》一书里，哈佛大学商学院教授克莱顿·克里斯坦森（Clayton Christensson）探索一种新的理论：把公司推向成功巅峰的原因与导致公司失败的原因非常相似——把事情做正确。克里斯坦森教授把"突然出现的做正确的事情"这项新技术叫"裂变技术"。那些老的、领先的、成功的公司，正在尝试使错误的事情变正确。他举了两个例子：数字设备公司认为在未来不会有个人计算机的存在；而西尔斯·罗巴克公司没有预见并抓住信用卡和折扣商店的商机。

从市场的角度讲，印刷行业正经历着这样的裂变技术。大公司并不必然意味着有能力去识别并应对这些巨变。

案例研究：一个失败的营销案例

在生产票据的初期，D+H公司接受了重激情轻理智的营销理论。那时，磁性油墨文字识别自动化系统刚刚传入美国，而在加拿大还仅仅是潜在的新事物。

当时，金融协会正在讨论传统的手动票据处理技术，就如同讨论一位即将去世的远房亲戚一样，大家都不会为此采取什么行动。D+H公司决定实施一项重要的营销步骤，并召开一次关于磁性油墨文字识别自动化系统的会议，邀请金融界所有的知识分子参加。D+H这样做的主要目的是提升自己在金融产业界的地位，而不是单单作为一个印刷企业存在。

会议举办得很成功，参加者纷纷称赞。

问题是只有20人登记并参加了此次会议。开始预计参加此次会议的人数大约是200人。

哪个环节出了问题呢？虽然大型银行都对新型磁性油墨文字识别自动化系统非常感兴趣，但是他们并没有以实际行动支持这一系统，因为介绍这一系统的是一家小型印刷厂。大型银行设置了格局。他们不出席这种会议，但他们是领导者。于是，追随者也没有出席会议。所以这次新产品发布会也没有取得成功。

但是这次会议还是给人留下了很好的印象。第二年，加拿大银行家学会举办了一场后续展览会，吸引了很多人。D+H公司由于召开了第一次会议而受到公众的赞扬。

作为市场营销的一次活动，这些努力是有功劳的，只是有些超出了预算。

这次"失败的营销"，是做正确的事情但没有把事情做好的案例。哈维伊·西尔弗（Harvey Silver）博士指出："值得做的事情即使做不好也是值得的。"这个案例中，短期失败的是金融业，而长期成功的是营销的思想。

第5章

为什么需要营销?

现在你对营销是什么已经有了感性认识，接下来一个明显的问题是："为什么我的公司对采用这些营销观念如此感兴趣呢？我们是一家普普通通的印刷厂。这几年，我们的业绩还不错，我们预期将继续保持良好的态势。如果经营不出现问题，就不要去调整它。"

你可能会认为经营不会出现问题，因为你们拥有最新型最先进的印刷设备，你们抓住了数码革命，而数码革命正在改变印刷生产的面貌，你们被看做是印刷行业的领导者之一。事实的确如此，这些事情使你们有了今天的业绩，但是这些事情会使你们拥有未来吗？

数字技术与模拟技术相比，有各种各样的优势。因为计算机的语言是数字式的，利用计算机可以很容易对数字数据进行操作，可以很容易、很密集地将数字数据存储起来。一张 CD 光盘（数码产品）的存储量可以和每分钟 33 转的老式唱片（模拟产品）相比。CD 光盘更精确，抗静电和噪声的能力更强。它的灵活性让人惊叹。有了数码信息，你可以实现单张印刷。最重要的是，数码是互联网的语言。

数码革命席卷整个印刷生产过程——桌面出版系统，计算机直接制版和计算机直接印刷，计算机控制和运作管理系统——还会有更多数码技术应用于印刷生产。当平版印刷在凸版印刷中崭露头角时，这种情形已经被看成印刷革命。它已经存在了一个半世纪。我们现在见证的只是它飞快的发展。仅仅 20 年，数码革命已经被看做未来印刷业的主要推动力。

与庞大的通信行业发生的变化相比，印刷企业的变化是很微小的。计算机在你不知不觉的时候正在影响着你的生活——它们的触角正伸向你的房子、工作场所和车间的各个角落，它触及整个世界。由计算机运转的互联网是我们已经制造的最大的机器。

对于印刷行业用计算机控制生产过程，我们或多或少有些准备。但在市场方面，很多印刷企业还没有准备好迎接数字化的到来。请看看下面的例子。

①斯纳兹印刷厂专门从事信笺和信封印刷业务。公司正在致力于满足市场对通信方法以及图像传输的需求。然而，其他的通信方法——包括电话、传真发送和电子邮件——仍在普遍使用。这些方法不太适合用来传送图像，客户为了能经济、快捷地传递信息，放弃了传递图像的要求。使问题更加恶化的是纸张、印刷和邮寄的成本升高了，而电子通信的费用正在降低。

②通过直接邮购销售女性服装的女性时尚商店，主要依靠半年一期的彩色印刷品目录来招揽客户。这家公司现在正在建立自己的网页。他们发现通过网络能够迅速地更新服饰的款式、颜色和价格，根本不用等上半年的时间。他们能够及时地收到订单，根本不用敦促客户填写订单、装入信封、贴上邮票、最后投入邮箱。他们同样通过多媒体帮助销售——让样品上下左右反复地翻转，向客户展示服饰的各个部分。女性时尚商店计划利用简易直接邮寄的方法，把他们的新网站告诉客户。

③商业表格印刷厂正在通过后续努力来挽救衰退的销售状况。最初是多联表格，现在甚至单联表格的销售都在衰退。客户们用自己的计算机来打印各种表格——通知、单据、报告书，甚至是信笺表头。在打印表格的同时，客户还打印数据资料。有些表格根本不用印刷了，它们直接被数字化传输并存档。商业表格印刷厂正在寻找新的增长点，来取代逐渐萎缩的商业表格市场。

④法国电话系统计划通过在用户的办公桌上安装专门设计的计算机终端，来取代需求不断增加的电话号码簿。

⑤在最近10年里，印刷版《大不列颠百科全书》的销量下

跌超过了50%。他们已经被各种CD光盘和在线百科全书取代，其中有些是免费提供的。

对生产导向型印刷企业来说，市场既是印刷商销售产品的场所，也是客户所在的地方。以市场为导向的印刷企业已经离开了那里，寻找威胁到他们生意的市场上的变化。这些印刷企业要对某些产品的衰退和淘汰做准备，并寻找新的机会。为了满足客户的需要和愿望（想要），需要什么样的新产品和新服务？开发什么产品或服务能够带来收益？在稳定的时代，销售出你生产的产品就是做生意最令人满意的状态。在变革的时代，营销成为生存的唯一法则。

如果你富有想象力并且有进取心，对巨大的变革感到兴奋，能够号召同事们尝试新事物，你会发现你的事业会比以前更成功也更有乐趣。

你在变革中占据主导地位是很美妙的事情。但通常这种地位并无利可图。历史案例一次又一次地表明，追随者总是比领导者享受到更丰厚的利润，但这并不是一成不变的规则。亨利·福特（Henry Ford）不是一个追随者。比尔·盖茨（Bill Gates）更不是一个追随者。我们听说过很多成功而且拥有超凡魅力的企业家，但是我们很少听说过分扩张、对市场判断失误、企业急速壮大、抉择有误的企业家。

成功通常取决于你是哪种类型的人。如果你是那种敢于冒险的企业家，无论发生什么你都会坚持自己的路线。大部分人都比较谨慎，但是我们没有理由完全忽视未来的市场。根据市场发展而提供相应服务——而不是总以相同的方式销售你的商品——就能够使你的公司生存下去，甚至繁荣兴旺。市场革命就是扫除旧市场，并为新的市场提供充满激情的空间。

1975~1985年这一繁荣而且通货膨胀的时期,一家零售店里悬挂一条标语:"善待我们的员工,我们就能争取到客户!"钟摆已经摆过了整整一圈,客户来喝酒、来吃饭,乐意光顾我们的零售店。但是这个方法不再能保障买家的利益了。你需要学习为客户提供独一无二而且优质的产品或服务,而这些产品或服务是他或她在其他卖家那里得不到的。这样你将具有持久的竞争优势。

莎士比亚写道:"我们不把玫瑰叫玫瑰,它也依然芳香。"格特鲁德·斯坦(Gertrude Stein)写过一首关于"玫瑰就是玫瑰就是玫瑰(译者注:原文为 A rose is a rose is a rose)"的诗。同样的道理也可以用在印刷上。一家印刷企业销售"特等质量"的印刷品,但是客户可以从一百家印刷厂中的任何一家得到自己想要的质量。另一家印刷厂宣传自己的按时服务。所有的印刷厂都这样——但是都没有兑现。那剩下的是什么?是谁销售的价格最低吗?印刷客户是购买一件商品——印刷品。他们可以从很多印刷厂得到相同的产品或服务。唯一的不同就是价格上的差异。买家甚至可以在互联网上进行逆向拍卖,并询问:"谁为这一单活的报价低于5000美元?"

提供独特服务的印刷厂拥有最少的竞争对手。如果尝试能够成功,这种印刷厂完全能够消除竞争。只有当产品的价格超出正常范围或远远超过商品的正常价值时,价格才成为一件需要考虑的事项。

著名顾问和演讲家琼·马克·查帕普特(Jean Marc Chaput)在印刷大会上这样结束他的演讲:当和客户交易结束时我对他说,"这件商品的普遍价格是1000美元,但是向你要的价格是1100美元。为什么我向你要额外的100美元呢?因为你得到了琼·马克·查帕普特,这是你从别人那得不到的"。

第6章

竞争取胜

任何一个一般的商业印刷厂都清楚这样一个道理：对于任何一个客户，都有另外一打到两打（译者注：1打＝12个）有同样能力的印刷厂愿意而且渴望用价格或者更独特的创意与你竞争。这是一个适者生存的实例——要想成为适者，就要付出代价。

所有商业印刷企业被迫参与竞争，但是当你让他们描述其竞争者的情况——比如他们的优势和弱点，他们服务的客户群，每个竞争者的质量水平、服务和价格水平——他们很难说清楚。

战斗之前，首先要了解你的对手——知道他们是谁，知道做什么才能取胜。

谁是你的竞争对手？站在客户的角度来反问一些基本问题吧。假设一位客户想推广一种新产品，他或她想达到什么样的效果呢？还有多少种方法可以达到同样的效果呢？直接邮递，在报纸和期刊上登广告，通过广播或电视宣传，户外广告牌，网页宣传，电子邮件还是由促销员促销呢？这些方法的效果和成本是不同的，所达到的效果也是不一样的。

你的印刷企业可能只通过直接邮递广告的方式进行推销。那些采用其他推销方法与客户交流的企业就是你的竞争对手。关于直接邮递销售，你应该知道为什么它是最好的，如何应用以及在何处应用才能取得最佳效果。只有这样，你才能把最适合直接邮递的详细原因告诉客户（营销阶梯的第4级：顾问关系）。关于通过不同媒介做广告产生效果的调查研究与文献已经有很多（你可以到当地的图书馆或网络上查找）。当你担心自己的工作被竞争对手夺走的时候，这些推销媒介就会刹那间显现在你的脑海里——也许是因为你的客户对其他的推销方法感兴趣。

然而，一种最常见的想法就是买家原来喜欢直接邮寄广告的推销方式，但是现在想了解其他印刷企业会以何种方式推销。

表 6-1 竞争信息表

公司	通用通信有限公司
更新日期	00/00/00　　　　更新人：LGH
地址	以色列比斯克夫阿希克夫路 21 号 56001
电话	000 – 000 – 0000
传真	000 – 000 – 0000
电子邮箱	gci@lightening, com
负责人介绍	赫布·福郎特曼： 公司总裁，35 岁，有激情，上进，漂亮，没有印刷经验，通过培训机构的认证，长时间工作，很少享受家庭生活 比斯福特·克论普： 公司副总裁，销售经理，55 岁，很受大家欢迎，了解自己的产品，和几家用具生产商有固定业务，建立了自己的声誉，是一个好的销售人员，可能不是一个优秀的管理者
主要销售人员	肯·斯迪乐、凯茜·俊奇、皮特·加兰德，都是销售行业的新人，但是有上进心
企业类型	一般印刷企业，35 英寸大幅面四色印刷机
专长	用具行业的广告印刷
市场份额	(当地的用具市场) 大约 35%
声誉	付出艰辛的努力，产品质量好，没有注意革新，注重商业道德，对社区活动缺乏兴趣
按时交货记录	很好
营销阶梯	达到第 3 级
优势	高质量，设备承印范围广
劣势	财务负担沉重，准备尝试任何事物，短期资本与负债比率高，利润率低
服务市场	普通印刷业务，并特别集中于用具生产行业
服务客户	苹果电子设备，福克斯用具公司，霍华德 & 约翰公司，卡拉姆
会面地点	以上所有的公司
会面结果	我们和福克斯关系很好，他们对苹果电子设备有制约作用
财政优势	不够稳定但是能生存下来
年销售额	1000 万美元
员工人数	75 人
设备优势	幅面 35 英寸全新的带 CTP 四色印刷机
备注	大家彼此实力相当，我们需要建立自己独特的市场定位，价格：我们赢得一些，输掉一些
竞争策略	我认为我们很聪明，但是没有有效地利用我们的聪明才智

很多印刷企业盲目地采用这种表达方式，因为他们有对客户服务的经验，所以自认为有机会赢。另外，市场导向型印刷企业对潜在客户需要什么和想要什么，以及自己公司满足需求的能力作了调查之后，决定采用何种方式。在和客户沟通时，你应该尝试查出谁在这个项目上和你竞争，但是要注意采用更好的方法，而不是直接询问。

你应该收集并且记录有关你的最重要的竞争对手的信息：他们产品的样本、媒体剪辑以及你自己想到的相关因素。你需要收集什么样的信息呢？回顾竞争信息表的例子（表6-1），并根据不同的目标而加以相应调整。

你可以从你的销售人员或者你的客户那里得到这些信息。印刷供应商那里也会有一大堆的信息（但是你要明白：你得到的关于竞争对手的这些信息，对你的竞争对手也是有用的）。参加印刷协会会议，收集竞争对手的宣传材料，阅读关于他们的有关报道文章。资源是无尽的，你需要下定决心、持之以恒并加以组织实施。把你的所有销售力量都投入到一个项目里，就像比赛一样，找出你的主要竞争对手，看他如何做，并且时刻保持信息的更新。

市场定位

确定你的公司在竞争市场里的位置，会帮助你确定你在市场营销中应该采用的策略。研究竞争理论图（图6-1），找到属于自己的合适位置。

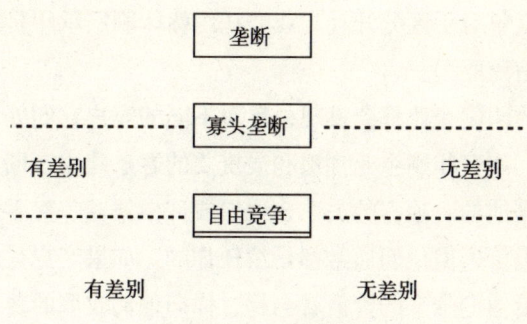

图 6-1 竞争理论图

处于垄断地位,就没有其他公司给你的客户提供类似的产品或服务。公众公司经常对一些专门领域进行垄断。通过政府的监督控制市场价格。在这种情况下,唯一的竞争就是客户是不是想把钱花在其他方面,而不需要垄断者提供的服务。

在寡头垄断情况下,只有少数几个供应商提供相同的产品或服务,并且这些竞争对手彼此都非常熟悉。在这种情况下,一个供应商可能会使他的产品或服务有所不同,因此降低价格成为决定因素。石油公司就是这种情况,任何一个供应商都在其产品和服务上增加"质量",从而使自己成为唯一的和最好的。换句话说,就是试图给公众提供不同的产品或服务("本行业的领导者")。但是许多客户认为各种汽油都是类似的——事实上,它们是没有什么差别的,银行业也可以归入寡头垄断这一类。在寡头垄断的情况下,价格领导者是大家关注的焦点。处于领导者地位的公司提高或降低物品的价格,希望同行也会跟上。在寡头垄断战斗中取得或丧失的地盘是市场份额。

在自由竞争情况下,有非常多的供应商,他们对竞争者的情况知之甚少或者一无所知。提供的产品或服务可能有差别,也可能没有差别。一般商业印刷企业都是通过销售人员和客户服务来把自己和竞争对手区分开（"我委托约翰印刷厂承印是因为我喜欢并且相信玛丽"）。

一般的印刷企业都会发现，针对不同的客户它们处于不同的市场地位。许多印刷企业都想和最重要的客户建立垄断关系——就是建立排他的、独占的关系。他们或许根据竞争对手的报价来检验你的报价，但他们通常都是信任你的。如果客户是这样看你的，你能给他们带来的价值就会超过你向他们收取的费用。

大多数客户只和两三家或五六家（半打）印刷企业打交道。这有些像寡头垄断，但是如果这些竞争者认识到他们处在同一个圈子里，并且能够彼此相互了解。如果你不知道谁是价格领导者，你就不会有价格领导者的权威。当你达到产品专业化的等级，即阶梯的第2级的时候，你就会发现你正处于寡头垄断的情况下，并且竞争对手之间彼此相互了解。在印刷行业几乎没有自由竞争（政府部门采购是一个例外）。如果你是和整个国家的印刷企业竞争，并且主要是进行价格竞争，那么即使想得到一个没有利润的订单也是很困难的。

你与客户之间的关系越接近垄断，你越容易与客户建立良好关系并获得好的回报。但你不要太得意；就在你认为你拥有稳定客户时，比你更敏锐和更细心的竞争对手可以很容易侵入并抢占你的位置。

竞争策略

你在客户心目中的位置以及在市场中的前景，是不断变化的。如果你想保持现状的话，你就会走向失败。如果你的雄心壮志是发展,你既要留住当前的客户,又要打败你的竞争对手(发展有时来自创造新产品和/或新的服务,更经常的是从竞争对手那里得到订单或客户)。留住现有的客户和争取到新的客户都需要时间和金钱,而花费多少则取决于你所面对的竞争对手,他们资源的多少,以及他们的技术和决心如何。下面是一些可供选择的策略。

1. 防御策略

"我们和客户关系非常好,任何人都不能从我们手中把他们抢走",这是一个市场领导者普遍存在的自满态度。但是通常情况下,他们最容易被攻击。通过利用这些人在市场中的位置等弱点,很容易从那些装备精良的市场主导者那里抢到订单和合同(一个销售人员失去了客户的信任,在价格上做文章,在运输上没有尽责,印刷主管对客户的忽视等)。由于自大而失去自己的客户是最不值得的,这不是一个不值得提倡的防御策略。

但是当其他印刷商威胁到你在客户心目中的地位时,就可以使用防御策略。

①反击。调整你在竞争中所处的劣势,从而赢回你所失去的。这是一个常见的防御策略,但是它是一个竞争者取得成功的自然反应。一个竞争对手破坏了你的好客户,你应该清楚地知道为什么和问题出在什么地方。利用你的所有资源去发现漏洞并且填补它,然后打败你的竞争对手并且赶走他。通常情况下,这个策略不起什么作用。客户可能已经意识到你不再那么有竞争力,当竞争对手让你显现出你的弱势时,你只能反抗。客户不会再去关注你这个供应商,而改为关注其他的供应商。

②撤退。承认那个市场、那个客户或者那个产品已经到了应该退出的时间,需要有很大的勇气。但是,很多次理性的分析告

诉我们退出那个与竞争对手共同竞争的领域是一个很明智的选择。

③对自己的产品和服务进行批判。看了以上的策略之后，你可能对任何一个策略都不太感兴趣。企业管理是一个长期的通过挑战自我以提升自我的螺旋上升的过程，采用调查研究的方式从客户那里了解你的优缺点（应该由第三者来完成这个报告，因为他没有任何偏见）。采用正式的研发技术来寻求更好的为客户服务的方式，组织团队通过计划会议来探讨有效的策略。如果你采用了这个程序，你的竞争对手就会长期面对一个变化的目标，给他们的攻击和取胜增加了难度。

市场主导者有时采用内部竞争组织机制，来防止自我满足的综合病症，想想针对同样客户开展竞争的福特和墨丘瑞的生产和配送流水线。

2. 进攻策略

当你想从别的印刷企业手中抢夺生意的时候，可以采用这种策略。

①正面进攻。调动你的资源跟随你的对手，从那里你可以得到最多的收益，例如对手的最大客户。在这种情况下危险也是最大的，因为在这点上竞争将会最激烈。通常情况下，因为进攻者缺乏行动所必要的资源，这种侵略性行动会以失败告终。和对手在资源配置上的比较是很重要的。（军事策略家说过，正面攻击者需要的资源，至少是对手的3倍。尽管这样也不能保证取胜，因为很多其他因素都会影响到结果。）

②寻找薄弱环节。市场主导者经常在某些地区或产品领域加强自己的薄弱环节。一个大的印刷企业可能在一些大城市中的实力很强，而在小的乡镇中的实力却很薄弱。或者一个大的生产商

在大众化包装上很有实力,但是在要求和标准上很严格的药品包装上却很薄弱。竞争者可能在他们不擅长的领域,或者在一些他们占的市场份额不是很大的领域中比较脆弱。他们可能选择不会为了小的客户而和一些小的同行公司竞争,因为那并不是很重要。

> **过去的案例:对强大对手的正面攻击**
>
> 在20世纪90年代初期,D+H公司是加拿大私人支票寡头市场中最弱的一个,只占市场份额的25%。因此,它是价格跟随者,它有一个稳定但迟钝的名声。当时公司的首席执行官桑福德·麦克法兰(Sanford Mcfarlane)面临两个选择:要么以后在这个行业消失,要么采取攻势取得市场领导权。他决定采取后一个方针,尽管那样意味着与比自己规模大许多倍的两家印刷企业——德鲁克斯支票印刷公司和魁北克印刷公司——进行正面交锋。必须从银行那里拿到大的合同订单。加拿大只有四家相互竞争的大银行,但它们的支行却遍布全国各地。
>
> 麦克法兰制定了一个五年计划,他从产品、服务和成本的研究和改进开始,通过研究市场需求和潜在客户对D+H所提供产品的评价变化,使公司地位获得提升。经过一段时间,它们的市场形象得到很大提高。由于支票更新,带来了支票印刷合同,D+H获得展示自己的机会。这次展示倾注了它们所有的优质资源,D+H赢得了几个大而且重要的合同。五年以后,它的市场份额超过了80%——部分是通过获得新的合同,部分来自老的竞争对手,最终让剩下的竞争对手在规模上无法与之相抗衡。在五年之内,D+H通过不断加强对自己的目标市场管理,获得了对市场的完全掌控。

小型印刷企业可以对大的印刷企业小咬一口,而不受任何惩罚,但是要做的话还是要小心谨慎。你可以趁它们不注意拿走一个或两个生意,但是如果你想赢得大客户或者对目标市场进行大的袭击时就会被发现。这种策略的要领是,得到小的利润就要满足,别太贪心。

③挖掘未被满足的需求。这并不是从竞争对手那里取得业务,而是开发新的业务。不久以前,蔡斯·曼哈顿发布了一种蔡斯激光卡,一种拥有内置放大镜的信用卡,你可以在很昏暗的餐馆看菜单,这种新的产品满足了银行和客户两者未被满足的需求。几家慈善机构通过直接向大量个人投递的方式以希望获得捐赠品——不论对私人还是慈善机构这都是一个新的市场。

发现这些未被满足和未被发现的需求,需要高水平的市场知识,不仅是你了解的客户,还包括他们的最终用户。这些创造性的思想,有时是被那些印刷商为了满足他们的客户的直接需求而想出来的;更多的则是从公司给客户提供产品或服务的思想中演变过来的。在这种情况下,那些处在营销阶梯高层的印刷商或与之相关的公司(咨询关系或者价值链伙伴),很有可能有这种观念,因此,最后就会有新的产品问世。

市场份额

市场份额是这个竞争游戏的计分卡,它是指一个特定的供应商在市场总量中所占的百分比。市场份额可以是所有印刷业的百分比,也可以是某一个特定产品的百分比;它可以是所有购买者的百分比,特定目标市场的百分比,甚至是一个客户所占的百分比。在一般情况下,一个公司拥有的市场份额多于它的对手的话,它就是这个市场的主导者。

在明确的目标市场内对明确的产品进行市场份额评估是很简单的。但是,对一家小型商业印刷商的市场份额进行评估,不仅困难而且没有任何价值。你到底该限定什么地理位置作为市场服务的参数？考虑什么种类的印刷？如何计算产量？产品来自工厂内部吗？是进口的印刷品吗？一旦你确定了这些参数之后，如何计算出印刷购买的总数？最后，对于一个在某一特定市场上市场份额只有 0.024% 的公司来说，什么最重要？

追踪市场份额的重要性

①利用市场份额，可以测量销售量增长或下降的原因是由于市场规模的变化，是由于自己的活动，或者是由于上述两个因素的结合。

②可以对某一特定市场规模进行描述——衡量印刷企业未来价值。

③市场领导者可能是价格的主导者。当市场供应等于需求或跟随需求时，其他的竞争者通常也会跟着价格主导者走。价格对利润的杠杆作用比其他因素更大。

④紧跟市场份额的变化，会让你知道哪些竞争对手在进步，哪些竞争对手在后退。

⑤因为产量大，市场份额最大的公司就有机会成为成本最低的公司，并能得到最大的利润。

⑥在生命周期下降阶段，生产能力过剩导致价格下降，利润也下降。如果一个供应商占有相当大的市场份额，那么它就会降低产量，使其和降低的市场需求保持一致。因此，在市场下滑时，你会经常看到竞争者之间的兼并和接管。

⑦通过跟随时间的变化，一个公司能用市场的观念来分析自己对于目标市场的重要性。

对于小型印刷企业来说，更加重要的事情是研究目前它们与最佳客户拥有的市场份额，或者在专门的目标市场中所占的市场份额。如果你能占有福克斯用具公司印刷产品 70% 的份额，或者拿到了某一个地区用具行业宣传册 15% 的生意，那将是一笔

很大的财富。实现上述目标尽管非常困难，但这些都是可以实现、可以达到的。公布的统计数据通常因为太陈旧而失去价值。大部分的信息在你的客户那里，要用一种创造性的方法才能把它们挖掘出来。

不管你是普通的印刷商也好，专家也好，或者进行目标市场营销也好，应对竞争的最好的办法是：用你的聪明才智把公司建设成卓越的能赢利的公司——成为市场中的明星。这种方法保证你能得到更高的回报。

第 7 章

商业伦理

进化将人类带进了竞争的环境。我们的祖先要么胜利要么死亡，而那些通过各种手段和不惜一切代价取得成功的人才能生存下来。今天人们取胜的必要性没有那时那么急迫（现在有可以实现双赢的折中办法），但是老的观念和思想消失很困难。所以我们在体育版面中看到有关非法使用兴奋剂的报道，而在财经版面看到高级执行官员违法行为的报道，在政治版块看到谴责非法挪用公众基金的报道。所有的这些不轨行为都是在获胜的名义之下进行的。我们都知道这些行为是不对的，我们也会严厉谴责这些行为。但是我们都知道这些是一直存在的，甚至一些人默默地认同了这样的行为。

我们都有道德的底线，我们一般不会逾越这一底线——至少在正常情况下不会。非正常情况下，有时会逾越一点点。而这个伦理的空间因人而异。对于我们当中的一些人来说，这个空间太小了。而这个界线是由我们对待公平的态度和我们的个性、信仰和道德密码决定的。对于某一些人，这个围墙包括很大的面积，取决于个人的能力程度。但是伦理上的行为不是关于被抓住，而是如何本能地做正确的事。

一家公司是没有道德与不道德之分的。只有人类有这些特性。有人认为，一个公司的市场形象应该是由市场中所有的人构成的。但一个人的不良行为会对一个大公司的声誉造成极大损坏。这给公司管理者提出了严峻挑战，他们应该监督所有员工的行为。

在一个业务活动中可能发生两种不合乎道德的行为：

①只影响公司的一些活动——侵吞款项，偷原材料，夸大费用支出等；

②延伸到公司外部的一些活动——接受供应商的贿赂，与代

理商私下交易，以业务名义超规格接待、赠送礼物和贿赂，生产劣质产品，为了节约成本污染了环境等。

经理应该特别关注那些在交易中能影响公司声誉的行为，这就意味着明智的雇用、并且严密监控那些直接与客户接触的员工的行为——尤其是销售人员。然而，这些员工却是最难监督的，因为他们经常在办公室和工厂以外单独进行业务活动。再一个原因是为了培养高层管理者与最重要的客户保持联系。公司总裁和高级主管应该成为诚信合作的典范，而这种诚信你希望在客户中表现出来。

我们前面讨论过在买卖双方之间的两种销售关系：交易销售和关系销售。在交易销售中，关注的是一次交易，完成这次交易之后，买主可能再也见不到销售者了。想一想住宅销售，或者二手车销售，或者电话推销。在这些情况下，有强大动机去哄骗客户。声望好的公司非常关注口头信誉，因此必须严格监督它们的业务代表。其他公司感兴趣的可能仅仅是一次销售中可能实现的最高销售额。

印刷业很少从事交易销售。在大多数情况下，你不会从一次销售中赚钱；你赚的钱来自满意的客户。所以，你和他们的友好关系保持得越长久越好（因此你关注的是客户的终生价值）。如果你的主要目的是欺骗客户，那你不会拥有一个客户。如果公司的利润是以牺牲社区的利益为代价，你也不能保持一个成功的公司。

因此，不管个人的道德标准是什么，印刷企业一般偏向于保持一个高标准的合乎道德的行为，道德行为关系到印刷企业和客户的利益。道德行为的整体概念是保证对每个人公平、平等，尤其是对客户要公平，这是持续发展的基础。

> **一个悲剧**
>
> 　　我曾经雇了一位非常有进取心的销售人员，他同时也是一个艺术家，一个非常理想的技术组合。销售人员去接近客户并自己为客户进行图像设计。在沟通中不会丢失任何信息——同一个人既从客户那里接受信息，又对信息进行创造性的处理。
>
> ·　问题是：销售人员向客户解释，他是在用自己的时间做这些创造性的工作，并要求客户为此买单。他们通常也都同意。
>
> 　　然而，除了向客户索要额外支付外，他还向公司要求额外支付。当客户最终拿到账单并向公司抱怨重复收费时，销售人员拿起公司的账单并许诺他会将"一切摆平"。
>
> 　　当然，最后销售人员的问题被查出来了——但为此耗费了六个月的时间。那时他已经走了，但留给公司去修补由于一个错误的行动给公司带来的声誉损失，这是一个非常艰巨的任务。

　　当然，对客户的道德行为并不仅仅局限于你所提供产品或服务的价格。比如，一个有声望的印刷员站在他的产品后面。如果印刷品有错误，或者墨迹未干，或者飞达或者收纸部分打褶，或者令人不满意，则客户希望印刷商替换有问题的产品，或者退还部分或全部价款。

　　一般说来，我们是一个有道德操守的行业，主要是因为买卖双方往来的关系，特别吸引有道德的客户来我们的公司。诈骗艺术在"打了就跑"的行业很受欢迎，因此，我们为拥有很高的道德素质而自豪。

　　但是，什么是真正的"道德"？兰登出版社的字典里给道德下的定义是：（道德是）处理某些正确的或错误的行为的哲学的分支……"正确"和"错误"只能被解释为对人们的影响——对客户、对你、对你的雇员和你的团体的影响。因此，在处理你的公司及客户的关系时有两个方面，你应该以双赢结果为目标——双方都感觉是公平的。但是请检查一下，作为印刷企业，我们是如何把这个理论落实到实践中去的：

①我们生产一种产品（在生产这个产品之前我们应该估计成本）；

②我们要对生产过程中的原材料、外部费用以及加工时间进行追踪记录；

③计算生产产品的成本；

④加上经常性开支，通过成本加成，得出最后的价格。

什么是更好的道德呢？我们有一个标准的成本加成目标，并把这个信息传递给客户。

但是，从客户的角度来看，卖方计算价格有3种方法，买方可以接受也可以拒绝卖方提出的价格：

①给出一个固定的价格——如超级市场或者药品商店的商品价格；

②经过讨价还价确定的成交价格——比如汽车交易价格；

③依据成本加成计算出的价格——如汽车修理价格。

购买者应当对这些方法进行检验，并决定哪一种方法对于购买者是最不公平的。对于固定价格，你能决定是否每个苹果值50美分。讨价还价有点像游戏，如果支付太多，除了自己你不能责备任何人。但是成本加成呢？你曾经为修理汽车付过令人愤怒的价格吗？或者花了比买一台新的电视机还多的钱去修理电视机吗？许多对价格不满意发生在成本加成上，但这也是印刷企业最喜欢采用的定价方法。

有道德的商业交易必须对双方都是公平的，它是一个双方合同。当成本加成方式的定价调整时——通常是价格呈下降趋势——印刷业能直觉地认识到这一点，因为定价者认为对当时的形势来说，这种计价方法太不合理了。

单边"道德"

一个非常好的客户（一家大型广告代理公司）的代理商给我打电话：公司的总裁想让我们印一些圣诞卡。我带着一本标准贺卡的样书去拜访他，了解到他想复制他六岁女儿所画的一张彩色图画，并且只想要一百张贺卡。

复制这张图画需要照相分色，并用多色印刷机进行四色印刷（在电子分色和彩色复印机时代之前是这么做的）。我再次拜访采购代理人并对他说："我们在这一业务上会亏损的。它的成本非常高。"

他回答说："不，不要回避成本。他会认为你已经把他的成本加到他的某个客户的印件上了。他不会喜欢这样做，他是一个非常有道德的人。"

于是我把他女儿的图画带回车间，进行分色和印刷。

最后总成本大约是 400 美元——对 100 张贺卡来说，成本是非常高的。我没有办法收那么多钱，所以我报价 200 美元。我接到总裁的电话，要求和我们公司的总裁见面。

我一进门，他喊道："一张贺卡你收我 2 美元。我可以到 HALLMARK 去，在那儿最贵的贺卡也只有 25 美分！你这是在敲诈，我可以告诉你，这是你从我们这里得到的最后一单生意。"

我试着解释说，HALLMARK 是同一个设计印刷成千上万张，而他为一个单独设计只需要 100 张。但是他不听。他把我推出门外，我们失去了他所有的生意。

我想我是讲道德的——我是赔本赚吆喝。但他认为我是个骗子。一个有道德的合同对双方都有效。

许多客户相信他们的供应商对公司比较忠诚。有些客户甚至没有首先经过报价就下了印刷订单。如果印刷商只采用简单的计算方式，价格只是简单的成本加成，这种信任就会被严重损害。

马克斯·克拉克森（Max Clarkson）教授有一段有趣而富有影响力的人生。在不同时期，他当过董事长，后来成为纽约布法罗印刷控制中心主席，美国印刷行业主席，多伦多大学行政管理系主任，纽约布法罗克拉克森中心的奠基人，多伦多大学管理学院克拉克森中心的名誉教授等。我相信他是第一个把商业伦理课程引进 MBA 课程的教育家。他曾经说过："我们的工作是向他们的脑子里灌输商业伦理的概念，然后使之变成他们的力量。"在许多工商学校道德是一门必修课，对报界关于公众形象的负面批评作出必要、及时的反应。

这一章的大部分内容偏向于降低你的价格，因此，你不能埋怨客户。如果定价过高（从客户的角度看），你就会面临着对客户不讲道德的危险。但是还有另外一个方面，由于可以讨价还价，所以你应该满意。当你再次确定的价格对利润的影响比任何成本因素更大时，你能体会到对价格也有一个有效的上涨压力。就像迈克尔·金布尔（Michael Kimble）所说的那样："客户支出的是价格，得到的是价值……给客户价值并因此向他们收费。"

下面的说明可能让人有点震惊，但是它是市场营销的一个基本概念：你提供给客户的价值与你的生产成本几乎没有关系（存在联系的唯一原因，是成本加成是印刷企业传统的定价方法）。投入能使产品或服务有更高的价值——就像人脑的创造力和销售服务超出了定额一样——但是投入不必直接分担成本。你可能以最坏的处理方法结束，增加价值并且保持价格。增加价值总是增加你的业务成本——主要在超额上而不是在工作的直接成本问题上。

我们知道，市场的主要推动力是创造一种能给客户带来更多价值的产品或服务，这样做了，并据此收费对你的利润增长是有利的。你也可以签订双方道德合同，你和你的客户都会满意。

除了印刷企业和客户的关系，道德已经延伸到公司的许多方面，公司应该对下述股票持有者承担责任：

①客户；

②雇员；

③股东；

④团体。

如果我们使这些组的成员保持公平，我们就能以清醒的意识从事商业活动。屡试不爽的黄金法则是："以其人之道，还治其人之身。"

第8章

促 销

人们纷纷奔向那个捕鼠夹做得好的人家的那个时代已经过去了。今天,你必须带着捕鼠夹走向世界。印刷企业也不能再坐在自己的办公室里等业务上门。许多印刷企业做广告。通常,它们做一个精美的直接邮寄宣传单,介绍公司的总裁和公司的印刷设备和数码设备。在企业不景气的时候,这种邮件就被印刷出来,然后按着几年没有人编辑的客户名录寄出去。

这种沟通既无效又浪费金钱。罗比·罗比森顾问说:"在宣传手册上浪费的钱比在交易其他方面浪费的钱还多。"各个公司制作的宣传单看上去都一样:第一页总裁面带微笑,第二页是总裁和一名印刷工人正在印刷机前检查印刷品。

股东、雇员、客户以及公司团体的利益是彼此相关的。对他们来说,宣传的最基本目的就是提高公司的价值,从来没有人忘记这一点。

印刷业是通信产业的一部分。因此,我们应该在怎样说、怎样写,以及说什么、写什么或者怎样在市场上进行展示等方面,表现出我们的专业水平。然而绝大多数印刷企业不知道如何去制订一个有效的推广计划,或者一个有效的宣传单——"有效"意味着实现目标的成本与目标的价值是相等的(经验表明,印刷商极少设置目标)。你应该认识到这个事实:你可能知道许多关于复制的好点子,但是缺乏促销专家。例如,你是否曾经考虑过你的产品或服务的"品牌"(参见第13章)?

如果你的公司内部没有专家,我强烈推荐你聘请外面的专家。它取决于公司管理层设定的目标。为了制订出可以达到或超过他们目标的计划,他们应该寻找他们能支付得起的最大的帮助,你也许认为请外面的专业人士费用太高了,但是成本总是与利润相联系的,如果公司花很多时间制作出的东西什么用处也没有,那样的代价就更贵了。雇用的专家从专业的角度来观察公司,提升公司的形象,实现公司的目标。所以,雇用专家是很合算的。

有五种通用的销售方法:直接营销,促销,广告销售,公益活动销售和公共关系销售。你可以很容易聘请到擅长某一种方法的专业人员(虽然各个方面都擅长的专家很难找)。接下来是关于各种宣传活动的一个速成课程。公司利用这种课程提高或改进公司形象,介绍公司的产品,增加公司的销售量。

直接营销

直接营销就是与客户或潜在客户直接接触——你可以与客户谈话,并且得到客户的回应。直接营销的目标通常是为了销售。这种方法包括:人员销售,电话销售,网上销售或直接邮购。这是实现最后销售的最有效的方法,但是也是获得潜在客户花费最多的一种方法。

促销

促销虽然是贯穿于全部市场活动中的通用术语,但它主要是指对产品或服务的宣传。然而,从狭义上来讲,促销就是对产品进行宣传——提高知名度,介绍产品的用途等。促销可以使用媒体广告,电话销售,销售代表,销货点促销,样品,价格打折或免除附加费等方法。

几乎所有的印刷企业都进行促销宣传,但一般都缺乏周密的计划。印刷企业的宣传常常是对印刷产品的样本进行宣传。但是，客户对你为其他客户印刷什么产品会感兴趣吗？每一个客户都想知道你是否能解决他的或她的具体问题。

广告销售

广告是大家非常熟悉的卖方向潜在买主传递信息的一种方法。它可能是一个产品，一项服务或者公司本身。广告包括报纸和杂志广告、电视和广播广告、网络、直接邮寄、广告牌、传单、小册子等——有上百种渠道能把信息传递给客户。

印刷企业通常用他们自己的产品宣传他们做什么，这就相当于直接邮寄，因为不同印刷企业的自我宣传广告看起来很相似，所以要在客户或潜在客户的脑海中产生对你的公司的不同印象，对印刷企业来说是一个挑战。其他媒体可能给你一个你的竞争者不喜欢的优势。

公益活动

公益活动是免费的广告和促销宣传，尽管它更多的是关于机构（关于公司或单独的雇员）而不是一个特定的产品或服务。有时报纸、杂志、广播电台或电视台传播关于你的公司或公司员工的事迹，因为这些事迹是新闻。公司不用花钱购买版面或播出时间。这不仅是免费的，而且也额外地提高了公司的可信度。

其他产品的促销可能让你意识到了这一点。有偿广告的可信度正在降低。别人对你的评价比你自己对自己的评价更可信。寻找客户的口头称赞，或请人给予推荐介绍。

公益活动的不利方面是公司对内容失去控制，如果传播的信息是不完全的或者是错误的，因为缺乏证据，很难对其诽谤进行起诉。

公益活动有很高的奖品，但是，除非是在一个小团体中进行，否则很难得到奖品。在这些地方，当地报刊、电视台和广播台寻找简短的新闻故事。因此，通过艺术加工，总裁的头像出现在当地路边，或者赞助当地的球类俱乐部，你可以得到免费的宣传。

在大都市，这些活动受媒体关注率不高，他们被请求对各种各样的活动免费报道，他们从中选择读者最多或听众最感兴趣的内容。印刷企业必须有创造性，能够抓住难得的机会，一个简短的消息很少是骗人的。

在和印刷类杂志的交易中，你很容易得到免费的宣传活动。如果其他的印刷企业是你的目标市场（例如，如果你是一个交易印刷商），媒体宣传是有用的。对大多数印刷企业来说，那正是一个自我宣传的机会（尽管如此，那也是个非常有用的理由）。

有一些专业化的公司，他们的目的是为客户获得免费宣传的机会。他们做的效果很好，因为他们已经与某些媒体建立了联系，他们知道这些媒体想要什么新闻，会接受什么新闻。

公共关系

公共关系的目的是提高公司及其产品在市场上和社区中的形象。如果你想让你的公司被看做是社区的支持者，你就应该给当地的基督教女青年会（YWCA）提供赞助，鼓励员工自愿参加艺术活动、体育运动或教育委员会，为慈善舞会提供食物或资助，或者参加类似的活动。

质量价格服务印刷公司（QUI PS）的公共关系

QUI PS 公司想宣传推销他们印刷的一种广告产品。这些广告是用具制造商和零售商制作的，并打算卖给他们。QUI PS 公司的高层管理者决定树立公司的形象，将其标榜成"销售用具的印刷企业"。

- 什么市场会购买 QUI PS 公司的产品？是当地的市场，还是全国的市场？

他们从当地开始，在当地他们的潜在客户超过135个。

- 这些公司知道 QUI PS 公司的声誉吗？

大部分公司不知道。

- 他们了解 QUI PS 公司的产品吗？

大概了解，但不了解公司的独特产品。

- 这个产品能满足未满足的需求吗？或者 QUI PS 公司需要击败竞争对手吗？

是的，要击败竞争对手。

- 客户想从 QUI PS 公司那里得到什么信息？

和潜在客户交谈表明，他们希望保证准时交货。

- 最适合发布 QUI PS 公司信息的媒体是什么？

第一是直接邮寄，第二是用具行业杂志（登广告）以及直接电话销售。

应当注意：QUI PS 公司现在是在讨论项目，没有单独的一个方案。在广告方面，重复是可信度的基石。制定入计划的项目是确保接下来的活动不要偏离主题。市场可以接受一致性，它在客户心里建立一个完整图片。如果信息非常零散，它不会给市场留下印象——或至少不是一个好的印象。

当公司赞助社区的一个活动时，是希望得到一些额外的公益宣传机会。广告将提到赞助者的名称（但是很少涉及企业的产品）。如果你想成为这个地区的著名印刷企业，你就应该在报纸上做一系列大型广告，可能要给电视台付费，主办一次工厂开放日活动，免费印刷关于这次特别活动的邀请函，并且保证你因提供这个平台而被感谢。

一个印刷企业应该考虑它想达到什么目的，要传达什么信息，传达给谁，怎样把需要的专家集中到一起，以及如何运用合适的媒介。

应该对专业市场人员进行培训，使他们能从市场的角度看待问题，而印刷商要从企业层面看待问题。如果不雇用专业人员，就得自己拜访客户或者潜在客户，询问他们对你们的产品及（或）服务有什么意见。什么才能使他们真正高兴呢？

宣传必须表现你的产品或服务是独特的、最好的。许多印刷企业想抓住或保持住现在的销量，怎样保持呢？在 QUI PS 公司这个案例中，如果证明他们帮助销售了家用电器，公司就是完成了有意义的工作。

回顾一下在第 3 章讨论的购买步骤：

①不了解；

②了解；

③深入了解；

④产生兴趣；

⑤产生购买欲望；

⑥购买；

⑦收到购买品（产品或服务）；

⑧付款；

⑨使用；

⑩处置。

应该用广告牌使客户从不了解经过了解、深入了解，直到至少使其产生兴趣。为了取得结果,在开始阶段拜访不熟悉的客户费用就太大了。

普及范围和普及效果

这些沟通技巧是把你的信息传递给潜在客户或购买者的简单工具。这包括两个方面(两个维度):普及范围和普及效果(图8-1)。普及范围是指通过你选择的媒体接受普及的人数;普及效果是指你利用选择的媒体能传递的信息量。

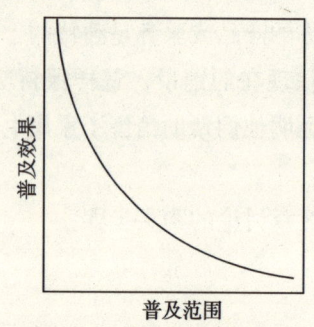

图 8-1 普及范围和普及效果

每个维度都需要成本。如果你已经对花费作了预算,并且想提高效果,必须缩小普及范围(反之亦然)。例如,通过个人拜访销售能够取得最大的效果,但每一次拜访的成本都很高。所以,用这种方法普及的人数就不可能太多。另外,在国家报纸上的广告普及范围很大,但版面费用很高,所以效果就被降低了。

至少这些是基本法则,但万维网这种媒体,普及面每年迅速增长,费用相对便宜。然而,如果你想占有优先的搜索引擎位置(例如 1049 个条目中排在前 10 位),你必须支付昂贵的费用,也许是每次点击的总合。

许多印刷企业有自己的网站。网站是一个非常有效的媒体，可以用来向市场介绍你的公司，展现你的能力，获得新产品信息，与客户互动，估计潜在客户，甚至签订某些产品或服务的订单。但是作为一种新的沟通工具，互联网有它自己的特点。电脑屏幕交流最好通过画面和图像，使用者发现，在屏幕上阅读很长的资料既不方便又令人厌烦。秘密在刚开始——"首页"，目的是抓住网站访问者的兴趣，然后在每次访问时又引诱他/她暴露更多个人感兴趣的信息。使用这种方法的时候，访问者不会被大量的强烈的信息流所压倒。另一个主要因素是"关闭"，访问者离开网站之前要做什么呢？你必须顺便询问访问者，他们还需要做什么。

当考虑一个网站时，另一个关键问题是怎样让你的潜在客户访问你的网站——因为这些潜在客户可能从来没有听说过你的名字。吸引潜在客户查询你的网站的几条原则是：

①在你发出的每页通信文件上，公布你的网址；

②与相关的网站和搜索引擎建立超链接，这样，访问者可能对这些网站产生兴趣，并跳转到你的网站；

③进行广告宣传活动，鼓励客户访问网站。

这些步骤是刚刚开始，你还必须在公司内部建立回复组织，使用邮政系统的人习惯于延迟回复信息。但是使用互联网的人就像用电话的人一样，他们希望及时得到回复信息。你应该建立一个规则，必须在一个工作日回复互联网上或电子邮件中提出的问题。

你还必须持续不断地刷新和更新内容。陈旧的或过期的信息妨碍访问者工作，而新的版式会吸引重复访问者（如果潜在客户成为重复访问者，他或她就摘掉了"潜在"的标牌）。对网络进行监控和更新被叫做网络管理或网络"主持"。一些印刷企业甚至为客户提供网络主持服务。

如果你不熟悉万维网，不知道如何利用它为你有效的工作，你就应该聘请外部专家，这只需要很少的费用，烦恼会大大减少，效率会大大提高。

各种媒体的这些交流方式，都能用来进行产品宣传，制作大型广告（提升公司形象），或者介于两者之间的任何场合。这里提出的问题与如何宣传所提的问题是相似的：你想达到什么目的，怎样使你的投资获得更多的价值？

在你和市场之间的任何一种交流中，关键的两点是开始和结束。如果你用大标题不能抓住观众的兴趣——视觉的或听觉的——把什么放在主要的位置没有什么关系，因为没有人去看。结束的时候，不要让你的观（听）众悬在那里。给他们一些必须做的事情——行动要素（有时被营销专业人士称为"引发行动"）。

在所有沟通中，重要的是设定目标和测量评定结果。一个谨慎的提醒：测量结果不是活动。结果经常很难量化，你能数出你发出的直接邮件数量，或者宣传语被印刷在当地报纸上的行数，或者你的网站被点击的次数，但是这些数据是没有意义的，甚至结果的主观测量结果更优于准确的活动测量。

第 9 章

增 长

对进入市场来说，数量和利润的增长是最有激励作用的因素之一。就像利用制定变革规划取胜一样，我们应当制订增长计划。没有哪个公司的目标是保持不变的。面对变化的世界，为保持同步增长必须付出很大努力和资源——因此，为什么不制订增长计划呢？

许多年前，PIMS 提出一个四维市场网格增长理论。直到现在这个理论仍然是有效的（图 9-1）。

	产品	
市场	3 老产品 新市场	4 新产品 新市场
	1 老产品 老市场	2 新产品 老市场

图 9-1　市场-产品关系

在这种情况下，"市场"被认为是被明确定义的市场——通常根据产业来定义，也可能根据地理范围或其他一些容易理解、能被识别的变量来划分。市场包括两种客户，一种是现在你正在服务的客户（即现有客户）；另一种是在市场内你想要为之服务的客户（即潜在客户）。如果你想实现增长，你只有四种选择。

①在老市场上卖出更多的老产品。这是你最了解的领域，因为你已经有了经验。但是，为了在这个范围内（老产品老市场）实现增长，你必须从其他印刷企业那里夺走生意。不论你是从现在的客户手中获得更多的业务（其他印刷企业正在为他们当前的

一些需要服务），还是在相同的市场上得到新的客户（他们是其他印刷企业的客户）——你都将要面对竞争。

怎样应对竞争者的报复？降价是对付进攻的一个普遍的回应方法。一个新的市场可能允许你从其他印刷企业那里拉拢客户，并且价格比竞争对手高。如果市场和产品都是有前景的，你可以考虑全部买下或兼并其他企业，从而减少竞争公司的数量。另一方面，你必须考虑减少竞争——这样可以提高利润——市场变得富有吸引力，其他外部公司将进入。一个新的印刷企业进入这个产品市场的障碍是什么？如果开展竞争需要花费新的竞争者很多钱和资源，这种竞争开始还是缓和的。

②在老市场卖新产品。你了解你已经接触过的客户和你已经划分出的潜在客户，市场将帮助你了解你的客户的业务，或许你能发现一个未被满足的市场需求。这是很理想的，因为你可能不用从竞争对手那争夺业务，从而避免引起报复。你也可能发现一种客户想买而你又能供应的产品。还有，你面临着取代现在的供应商和可能遭受报复等问题。

③在新市场上卖老产品。这意味着你进入的市场与你正在服务的市场相似，但是在地理位置上不同。例如，把作为邮资的邮票作为你的产品线，你可能考虑在澳大利亚、印度或者中国卖出，这个选择对你供应的当地市场来说是一个新的品牌市场——你可能把邮票作为信封的装饰卖给慈善机构。你的优势是充分了解自己的产品，但是你必须有去探究新市场的需要和想法。

④在新市场卖新产品。这是最危险的投资，因为你对任何问题都没有经验。大多数老练的公司仅仅是通过购买一家已经在这个市场比较成功的公司来达到这个目的。

创造新的市场空间

在 1999 年 1 月/2 月的《哈佛商业评论》中,钱金(W.ChanKim)和雷内·莫博涅(Renee Mauborgne)共同发表了一篇名为"创造新的市场空间"的文章。没有认识到想要什么是"新市场空间"的目标受众。"空间"意味着这个市场是空的,没有人提供他们想要的东西——仅仅是知道而已。更重要的是,因为没有人供应,所以客户没有这个需求。

钱金和莫博涅从 6 个方面定义了新的市场空间。可以把这些概念应用到印刷行业。

①其他行业细分市场提供相同需要。一个行业的成员一般都在行业范围内运作。但是其他行业也提供相同的需要。印刷企业出售印刷品,服务器出售互联网时间,广播和电视出售播出时间,报纸和杂志出售广大的散布空间,但他们都关心客户的共同需要——宣传他们的产品。在这些行业之间存在空白空间。印刷企业能够对为印刷准备的数字文件进行操作,然后运用到其他媒体和电子传输中。这就可以进入市场服务。

②所提供的产品或服务的特征。在印刷行业中,这个概念被描述为各组不同的特征。例如,如果你描述你的主要竞争者的特征,你可能发现,"展示质量"、"高价"、"便宜且脏"的产品都被包括了,这中间可能有空间——以一个合理的价格提供质量好的产品。你可能在没有足够供应的市场中发现空间,这些是按地理划分的或按购买者划分的。

③购买者的阶层。为了获得价格最低的产品或服务,公司把

购买手续推给了与最后使用无关的个人。根据最低价格作出购买决定，其结果是掩盖了使用成本，而使用成本能超过原来的节约。一个充满机会的市场空间需要考虑全部价值链，并且提供更加全面有效的产品或者服务。有的印刷公司对客户的客户进行调查，其目的是为了了解在生产过程中，他们利用生产指示单做什么。这样的印刷公司正在探索这种市场空间的潜在客户。

④与其他行业的产品或服务协同合作。早先在福克斯用具公司以及 QUI PS 公司的案例中，当萨夏发现分发广告册子的花费比印刷费更贵时，她发现了一片新的市场，于是她提供一项服务于两个领域的服务。对于直接邮递品的印刷企业来说，邮递清单开发和所有权或分销中，可能会有尚未被发现的市场。

⑤功能/情感导向。钱金和莫博涅将产品或服务分为两类：功能性质和情感性质。功能性质的印刷品包括商业表格，银行支票，产品说明书，价格清单以及其他产品等。情感性质的印刷品包括奖状，奖品，简易小册子，节日请帖等。还有一些印刷品跨越了这两类，比如邮票，高级产品包装，印有抬头的信笺等。

通过给一类印刷品增加其他重要的要素，就能发现新的市场空间。从前，美国支票的印刷商发现，人们更加愿意使用带有吸引人的背景图案的支票，而不愿意用免费的支票。

⑥时间。大多数的人是把销售做到现在，因为我们也生活在现在。未来是不可预言的。但是技术或指示未来发展方向的市场趋势，显然是不能逆转的，对于你的公司也是至关重要的；数据的获得和处理对于印刷行业的未来也是至关重要的。保存客户的电子资料也曾经是新的市场空间。互联网的影响是另一个极好的例子，一些印刷商通过设计和管理网站正在打开一片新的市场空间。

通过调查竞争对手的市场定位、市场趋势和客户的需求和想法，你会发现潜在的或者未被占领的市场空间。但是那并不能保证成功。一个市场未被占领，可能是因为客户对那个领域并不感兴趣，并且你也没有能力创造这种需求。这本书就是一个很好的例子。印刷界和互联网的辛勤探索确认了印刷市场是一片很少被占领的市场空间。有很多书正在印刷，甚至更多的书还在市场上，但是只有极少在印刷商的市场上。或许那是因为印刷商还对这些不感兴趣。

对于印刷行业来说，这些新的概念似乎显得陌生。毕竟印刷业已经有近千年的历史了（注：按毕昇发明活字印刷术计算）。但是想想近些年发展的那些新的印刷品，第一个在塑料上进行印刷的人怎么样呢？第一个印刷连续表格的人怎么样呢？印T恤衫的人怎样呢？印刷纽扣呢？可以机读的运输票证呢？工作现场打印票证呢？保证按时发货的印刷企业怎么样呢？你甚至可以把你的照片打印在蛋糕上。所有这些生产商意识到了新市场中存在未被表达的需求，并且对它注入了资本。

关于"增长"这个词需要深入理解。公司可能并且的确会由于太少的销售额而失败。如果多年来销售一直保持稳定，但是成本却在增长。如果增加的成本没有被增加的销售（或者提高价格）吸收，那么资金开始流失，公司也会濒临破产。

但是，公司也会由于销售得太多太快而失败。增加销售量就要求增加生产资本。增加销售量也会要求更多的设备，这些设备又会要求增加更多额外的资金（假设设备是分期付款购买的）。印刷业的传统做法是靠借钱来支持增长，因为这些公司不干活是几乎拿不到现金的。

印刷经营——新的市场空间

过去，大公司由专门的部门来控制采购。这些公司的管理层没有觉察到某些采购成为他们的价值链的重要组成部分——还有一些采购不是价值链的组成部分。例如：汽车生产商可能考虑外购汽车车架而不是自己生产。还没有从公司的价值链中去掉车架生产，所以非常重要的事情是：雇用和训练那些采购代理人，使他们熟悉公司的生产流程，并且能把必要的条件加到外部采购上。

一些采购对公司的价值链影响很小。例如汽车生产商的例子，餐饮服务的采购，办公家具的采购，治安服务的采购以及印刷采购，都归入了这一类。由于这些方面的外部资源对生产流程影响很小，对这些采购代理人的技能要求很低。事实上，认为这些供应商是多余的。这导致了非重要采购的低效率，印刷采购也常常是不重要的——如果不是处置失当的话。

有头脑的印刷企业家认识到，这是个新的市场空间，并且组建了配有电脑和通信设备的经验丰富的印刷团队。这个新的实体和他的销售业绩接近了大公司的管理水平："采购印刷品不是你们的强项，因为你们是没有受过印刷训练的采购员，你们现有的印刷采购决策不够优化，这导致了成本高和效率低。我们的组织可以把这些多余的采购从您的计划中删掉，并改进你们接收到的产品，因为我们了解我们购买的产品。我们将根据实际印刷成本和我们的管理费向你们收费，我们保证总价低于你们现在的花费。"那个出价很有诱惑力。

从这点看，英国似乎比北美提前占有了这个新的市场空间。在这个过程中，估计印刷销售总额约为 1 亿英镑（约合 15 亿元人民币），并且每年增长率超过 10%。其中一些是通过新设立的公司，有些是通过建立印刷企业。（后者通过设立可控制的分公司，以及对客户开放账簿，从而避免利益冲突。一个这样的公司只把客户采购量的 20% 给它的母公司。）

这对你意味着什么呢？这些印刷采购公司只为大公司服务，所以他们不会威胁到你和现有客户或者供应商的关系。如果你是一个大的印刷企业，你可能会考虑与这些印刷经营公司建立关系。如果你能发展成一个成熟的团队，你就有能力创建一个你自己的印刷采购公司——这样你就攀登到了市场阶梯的第 4 层。

你应该保证你的贷款来源将随时愿意增加你的信用额度，否则就与另一个贷款人谈判。在你的确需要现金之前，你必须这么做。只有这样做，当和银行或者其他金融机构谈判的时候，对你才会有利。金融组织一般不认为印刷业是一个高风险的行业。你必须使你的借款人相信，你是一个例外。

如果你发现你自己正在进入一种资金不足的增长（没有足够的现金），价格就成了高管人员高度关注的问题，为了使公司运转，他们必须修改账簿的支付能力，甚至修改福利和薪水。如果出现了这种情况，供应商就不愿意增加更多的信贷额度了，生产和输送也会受到损害，客户也会失望，公司的市场形象会受到损害，并且每况愈下。从这种处境挣脱出来就的确太困难了。

对于一个以市场需求为导向的公司来说，增长是健康和重要的，但是必须把增长控制在这个组织的资金能力范围内。

第 10 章

利 润

利润是增加股东价值的基本方法。克里斯·拉奇（Chris Rudge）认为，增加股东价值也是一家公司的唯一目的。如果只关注长期目标，这种看法是有优点的。

为了增加股东的长期价值，增加下述几方面的投资是非常重要的：增加员工培训和福利投资，增加客户忠诚度投资，增加成为社区中优秀成员方面的投资。这样做短期利润会受到损害；但是，只追求眼前目标会削弱公司在未来繁荣昌盛的能力。然而，事实上每个公司的计划都包括了增加短期利润的目标。

一个公司可能会被迷惑而扑向似乎得胜而规模缩小的方向。在那个过程中，公司会遇到下列任何几个或全部的风险：

①失去有价值的专家；
②剩余员工超负荷工作，生产力降低；
③降低员工士气；
④降低产品质量；
⑤损坏客户服务；
⑥降低增长能力。

减少员工总数的"提前退休计划"遭到批评，因为人们已经注意到一些非常能干的员工拿到了现金并且离开了，没有胆量和低效率的人为了他们的自身安全还留在企业里。（拉奇描述道：缩小规模就像是"一个不能思考的人最后的举措"，尽管他承认需要"适当规模"。）

把利润作为主要的短期目标可能阻碍生产力的发展。上市公司的首席执行官们可能会被迫这样做，因为衡量上市公司的健康和成长的第一位的指标就是当前的利润。股票价格会受到短期利润报表的严重影响，所以股票价格是用来评价首席执行官表现的主要标准之一。

一个私营企业（通常比上市公司小）在实现其他的重要目标方面拥有更多的可能性，可能优先改善未来的产品和服务、新的项目的研究和发展、个人发展和社区关系。对于这些公司来说，利润变成了商业运作的回报。

当然，对于公司的健康和成长能力来说，利润是非常重要的，所以印刷经理们应该知道如何提高利润。下面是增加利润的五条方法。

增加产量

如果你不降低价格却能获得更多的销售量，你就会自动增加利润。显然，如果你拥有5%的销售回报并且能保持这个水平，更多的销售就意味着更多的利润。你可能还会享受到规模经济，增加产量会让你以折扣价采购到原材料。你可能会增加机器每个月的工作时间，但是管理费用却没有必要与销售量成比地增加。

只要价格的损失可以由上面提到的成本节约的收益完全弥补，价格有一定程度的降低（为获得更多的商业机会），仍然有可能赚取更多的钱。但是，大多数的印刷企业掉进了一味增加产量的陷阱里。他们为了吸引更多的商机而显著降低价格，那样常常导致更多的生产活动和更少的利润。这样也会导致竞争者间的价格战——这是一种破坏性行为。市场上只有那么多商业机会，你增加的产量往往是来自于其他印刷企业。

降低成本

印刷企业降低成本有很多种方法：提高生产率，降低供应或者其他外包成本，减少浪费，减少管理费用，甚至降低工资。遗憾的是，我们的成本制度和传统成本加成定价法，以低价的方式把节约下来的实惠给了客户。如果你降低成本和降低价格的数量相同，那么你就在做一无所获的努力。

为了持续不断地降低成本，所作出的努力就必须按指数方式增长。（指数方式增长的意思是，为了保持成本不降低，有时候需要输入无限大的能量。）第一次利益是很容易得到的，但是随后每一次的利益的取得就变得越来越困难了。管理者的努力一旦松懈，成本就会回到开始的水平。

提高价格

提高价格所带来的利润率是降低主要成分成本（如纸张）的3倍，是增加产量的5倍。唯利是图的经理们应该把他们的时间花在定价上，以便获得更多的利润。

常常让估价员使用价格杠杆进行计算。估价员虽然有一定的生产知识和电脑知识，但他们对市场情况缺乏了解。正是在市场中，价格遇到了有效性的最终检验。只要印刷企业是根据成本加成定价，他们就会因定价过高而失去订单，也不能在定价过低的情况下获得额外的利益。

如果你只是销售印刷品（日用品），价格变成了关键的决定因素。同时兼顾低价又能获得利润是很难的。但是，如果你销售的是客户想要的产品或服务，你就可将价格定到市场价值。回顾一下在福克斯用具公司的例子中，萨夏说服乔的方法，用市场定价取代由成本加成定价，印刷企业可以聪明地提高价格却没有损失商机的风险——同时增加了利润。

提高周转率

如果用你资产负债表中的总资产去除年销售额，你通常会得到一个介于 1.00～1.75 之间的数字。这个数字就是年周转率，也就是用你的总资产与一年的销售额比较的结果。如果你可以增加销售额而不增加资产，或者相同的销售额是来自更少的资产，你的周转率会增加——这就意味着得到更多的利润。

你怎么来提高周转率呢？怎么减少资产呢？监控你的财务部门和存货部门，将他们的资产降低到可能的最低数字（一些客户正在研究准时发货来降低存货费用），减少你在设备和厂房中的投资。你如何在相同的资产条件下增加销售量呢？每天上两班或者三班；每周工作 6 天或者 7 天；或者把超过负荷能力的生产任务委托企业外部去做，而不是购买更多的设备。

改变产品或者市场组合

不要生产那些正在被很多印刷企业生产的产品，因为这些企业相互激烈竞争,其结果是价格低、利润低。很多情况下,你正在生产一些你的设备不适合生产的产品,但是你的价格由竞争决定,并且你的利润很少。你可以不再生产这些产品,从竞争对手和客户认为你是无知的入侵者的市场中退出。因为这种情况强迫你必须降低价格。

你也可以考虑优化你的客户清单。一些客户很难相处,以至于你不能从销售中获得利润。为什么没有意识到这一点,并且让竞争对手把他们全部拉走呢?你拒绝过客户吗?是否告诉他你实在不能再与他做生意了?是否考虑过其他印刷企业可以为他提供更好的服务?这种选择比为一个不能获利的买家提供服务更有价值。

要关注你的优于平均水平的产品、市场和客户。毫无疑问,你会发现在这些领域你的定价更高。你提供什么会使得你对这些客户更有价值?你如何在这些优势领域中投资?你如何在这个领域增加销售额?

在一个研讨会上,一个参与者自愿提出第6个选择——退出印刷业。令人痛苦的是,这个讽刺性的建议的确是真理。如果你唯一关注的是从你在印刷公司的投资中赚取更多的钱,那么仅仅投资印刷业一定不是答案。

从一个印刷从业人员转变成市场营销人员,你会获得更多的满足,更多更好的销售,大概还能获得更多的利润。

第 11 章
营销阶梯第 1 级
——一般商业印刷企业

绝大多数印刷企业都认为自己是一般商业印刷企业,为各种客户生产各种各样的印刷品。从本质上讲,绝大多数印刷企业引诱任何买家(一个愿意付款的买家)并且出售印刷品——印刷品是可以从大量的供应商中的任何一家采购到的日用品。

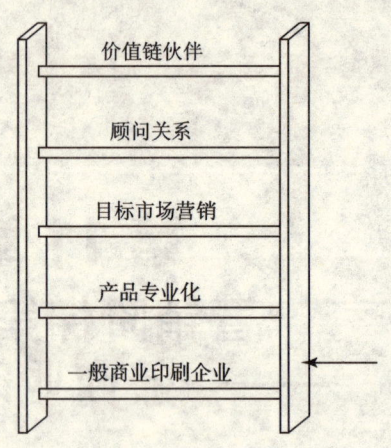

图 11-1　营销阶梯第 1 级

或许你很高兴提供这样的服务,你一定要爬那个市场阶梯吗?作为日用品的生产者或者销售者,不可能生存或者兴旺昌盛吗?当然可以。思考一下各种超市获得成功的介绍。这里只列举三家超市:CostCo、The Home Depot 和沃尔玛。这些公司认识到,客户采购生活必需品时,即使是不方便的时候,为了省钱他们也会关注价格和要去的店铺。在团体采购时,情况也是这样的,不过没有那么多。买家通常对价格感兴趣——尽管价格很少是决定因素。(菲利浦·科特勒博士在他的著作《营销管理》中说,市场营销是"降价艺术的决定性因素"。)

你可能会有一个感觉,作为一般商业印刷企业,过去你已经提供了很好的服务,并且你也想在将来继续采用这种模式——这是你最熟悉的业务。这也许是个不错的决定。如果你继续销售日用品，你能从那些成功的超市那儿学到什么呢？

低成本

超市有巨大的购买力，并且能使用这个杠杆去低价购买。超市的供应商为了取得大额订单而低价出售。通常，一个长期合约（一年或者更长）常常为制造商提供额外的保障。制造商变成了超市价值链中的关键环节。所以以低价销售商品的普通印刷企业，必须考虑低成本生产。

遗憾的是，一般小型印刷企业的生产成本并不能明显低于竞争对手。以下是其中一些原因：

①企业规模太小，在采购中没有价格折扣；
②被限定去采购和竞争对手同样的设备；
③产品种类太多，无法设计出能降低成本的生产系统；
④企业的规模不够大，难以吸引有才干的管理者。

1. 小型日用品印刷企业

一位拥有25位员工的印刷商，他的目标利润达不到销售额的10%。他认为也许是因为他使用了错误的设备。但是在所有者、销售经理以及车间主任参加的会议上，销售经理展示了他的新广告，他们打出口号是："到XYZ印刷公司来吧！我们的价格全镇最低！"

如果要使你的价格全镇最低价：

①你的企业规模不够大，不能从规模经济中获益；
②你并不比竞争对手更聪明，无法使你的成本比竞争对手更低；

③并且通过最低价格，你吸引那些把价格放在采购决策首要位置的客户。那些客户将会在任何你要额外收费的地方和你争论，还会抱怨质量和交货期问题，还会要求回扣。

低价只会降低利润。如果你想达到特定的目标（例如10%的销售回报率），你就应该创立一个公司，能为客户提供独特的、比竞争对手更好的产品或者服务，然后收取更高的费用。大部分客户都愿意为物有所值的产品付费。

2．大型商业印刷企业

大的印刷企业怎么样？他们能解决日用品的销售问题吗？加拿大魁北克印刷公司的前任总裁克里斯·拉奇（Chris Rudge）承认他的公司是个巨型商业印刷企业（当时公司的销售额接近50亿美元），他有以下一些看法。

我们想把大多数相同的产品卖给大多数相同的市场，但是我们想与我们的竞争对手有所不同。这样做有3种方法。首先，我们将整个市场分为4个细分市场，其中3个按产品种类分组，一个按地理位置分组，并限定各组的经营范围。这些细分市场中的客户知道我们能给他们提供什么。

然后，我们着手创立魁北克公司的质量和可靠性的形象——你们可能把它叫品牌。直到现在，在提高我们公司知名度方面，我们努力得仍不够。太多的人从来就没有听说过我们公司的名字。我们想要改变这一切。

最后，我们想把自己的定位与主要竞争对手当纳利（Donnelly）公司有所区别。他们太大了，和他们直接对抗是徒劳的。所以我们要到他们不去的地方去，或者我们另辟蹊径。

我们的目标是为我们的客户增加价值。如果我们能做到这一点，他们就会允许我们收费更高一点——因为客户也得到了更多好处。按照我们的规模，价格提高1%，就意味着5亿美元的额外利润。

> **日用品印刷企业**
>
> 领航管理服务机构举办了大型卷筒纸轮转印刷厂的定价与成本研讨会。拥有大型卷筒纸轮转印刷机的公司每小时消耗500美元。按照这种费用标准，让机器保持运转是最重要的管理问题。他们实际上是在销售一件商品——长版轮转印刷品。他们运用成本加成的概念；例如，如果他们可以收回变动成本（纸张、油墨、板材、销售佣金等），那么任何高于变动成本的价格都划到管理费用和利润中。他们通过改变卷筒纸轮转印刷机的每小时成本来检测这个办法，而不是核算全部成本。这样的方法使得他们把像纸张一类的固定成本分离出来。在高度竞争的情况和没有未完成订单的时候，他们甚至会将每小时的收费标准减少一半。

请注意：日用品生产商是根据不同的情况以不同的价格出售他们的产品。汽油的价格每天都在波动；日用印刷品的价格每天也在变化。不要把当前的定价与从前同类活件的收费联系起来。

购买与自制对比

因为印刷企业是生产驱动型企业，所以他们的设备能力通常是过剩的。他们采购新设备是为了跟上技术进步，而不是为了为客户服务。检查一下每台机器的有效使用时间，你会发现一些机器的月使用率很低。一些专用的印前设备和装订机的使用情况更是如此。但是当这些机器不工作的时候，它们仍然分摊管理费用（折旧费、场地占用费、保险费甚至还要支付工资）。考虑一下，如果把多余的设备卖掉或者报废，并且依靠外部供应商提供此类生产服务，而不是自己生产每件东西的话，就会降低成本。

与供应商结成伙伴关系是一个新的流行语。利用正式的或者非正式的伙伴关系，你会成为一个更受欢迎的客户，并且你的供应商取得了稳定的活源。采用外购取代自己生产的判别标准，是你是否会失去控制权。当汽车车身由巴迪（Budd）公司制造而轮胎由古德伊尔（Goodyear）公司制造的时候，福特失去控制了吗？你给供应商施加的压力，常常比给你自己的车间施加的压力还大！印刷经纪人把这个概念运用到极致，而且其中一些人做得非常好。

降低服务成本

超级市场期望客户能提供最大可能的自助服务。他们已经将员工人数降到最低，留下来的员工的大部分时间是在进行商品管理和配送工作。他们不让销售人员与客户进行面对面的接触。（当必要的时候，对所有员工进行培训，以适应此项工作要求。）采用了条码阅读器和客户借记卡，结账也变得非常便捷了。

两个日用品销售案例

亚马逊（Amazon）

亚马逊书店（www.amazon.com）可能是世界上最大的"书店"。但是它的成本也可能是最低的。登陆亚马逊网站，通过检索关键词、作者、主要内容等，你会轻松浏览到世界各地供应的图书。你可以读到书评，作者专访或者检索相关的书籍。对于你已经读过的图书，你甚至可以添加你自己对这本书的评论。你可以把书放到你的购物篮里，浏览之后将你选择的一部分或全部买下来，最后进行电子支付。你的订单将会在一天内完成。所有这一切都在电脑前完成。

你可能全身心投入到工作中,从而没有意识到你所在做的工作。亚马逊网站及时更新网页,大部分是出版商免费提供的——剩下的事情就是客户的了。亚马逊没有销售人员,没有门店,没有存货。数量使得他可以从出版商那里享受到更低的折扣。亚马逊的价格明显低于市场价格,并且告诉你省了多少钱。亚马逊遵循的原则是:在销售日用品时,努力增加数量,降低服务成本,低价出售。

柴泊特斯(CHAPTERS)

国际连锁店柴泊特斯书店(现在与英戴格书店合并)采取了相反的方法。他要给客户提供一个独特的采购经历。书店的门店很大,还有大量的书名目录。可以通过书名、作者和内容提要找到你想要的那本书;如果你需要帮忙,销售人员也可以给予帮助。如果你很幸运,销售人员阅读过你正在考虑的那本书的话(他们被鼓励在业余时间看书),他们可以给你提出评论和建议。

从书架上取下一本书,坐在舒适的休闲椅上,给自己冲一杯咖啡,浏览你选的书。以传统的支付方式采购。柴泊特斯/英戴格的数量允许他低价采购。然而他的成本比亚马逊的成本高,也没有试图与亚马逊开展价格竞争。

两家商店都在满足不同客户的需要和想法,而且两家都成功了。遭受损失的是那些传统的便利书店了,这些书店只能提供有限的选择,员工的报酬很低,但价格昂贵。这个时候,只有那些位于特殊地方——如飞机场、火车站以及酒店大厅——的便利店是成功的。

日用品零售商为了低价销售,强迫客户接受一定程度的不便。那只是一种不同的销售方式。客户可以为了更个性化的服务而选择其他地方并且支付更多的钱——有些人是这么做的。印刷企业可以选择低价销售或者提供客户所需的不同产品和服务——收取更多费用。

另一方面,印刷企业常常增加与竞争对手不同的服务(产品更是如此)。但是如果这些服务你不收费的话,那么就是在增加成本(通常为管理费用)而没有增加相应的收入。日用品销售要求服务成本必须最小化。你真的需要一次销售拜访吗(它会花掉你300多美元)?他带来一个订单的同时你也在花钱。

以低价销售为特点的日用品零售商店,迫使客户接受某些不满意的服务。这是一种不同的销售方式。客户选择了到其他地方去，并为更个性化的服务支付更多的钱——一些人这样做了。印刷商选择销售价格最低的日用品，或者将产品细分，使其具有客户需要的服务功能——并得到更多的收入。

普通印刷企业如何持续运转？

在按规定的价格销售产品时，普通小型印刷企业很难从降低成本活动中获利。这些策略已经被一些大公司运用过。他们可以开展降低成本效果的管理活动。即使你降低了一些成本，但是要使你的价格一直低于竞争对手，这种机会也是极少的。印刷行业被许多企业家所操控，他们常常会根据错误的信息作出不明智的价格决定。成本降低1个或2个百分点后，你不能再与那些饿狼似的竞争对手进行价格竞争了，他们只在纸张和劳动成本上增加100美元来定价。

所以，你还不够大，不能建立起第一个"印刷品仓库"超级市场。为什么不能像以前那样经营呢？洛克-艾斯兰德集团的比尔·托勒（Bill Towler）这样说过："你需要做一些你的竞争对手所没有做的事情从竞争中脱颖而出。'半路夭折'大概是一个很严峻的词汇，但是它也代表了你和一些公司将要看到的情形，如果他们不明白怎么去发展竞争优势或者是保证他们的市场空间的话。"

没有人想半路夭折。所以，如果你还想继续作为一个普通印刷企业而生存下去，你怎么做才能变得独特和更优秀呢？你需要一个作为普通印刷企业的准则，但是要销售价格比日用品更高的东西。（回想一下日用品的定义：日用品是能从任意一个供应商那里买到的产品，但是唯有价格不同。）如果你的产品仍然是日用品，你必须创造不同的服务和公司形象，使你超过其他竞争对手。下面是一些建议。

1. 在小的地理区域内成为市场领导者

只有最大的公司之间才能直接对抗——例如福特公司和通用公司之间的对抗，魁北克公司和当纳利公司之间的对抗。超级市场在落户之前研究他们可以达到的市场规模（"商业覆盖范围"），竞争对手的位置、能力以及他们的商业覆盖范围。

小型印刷企业（快速印刷企业尤其如此）能够从距离较近的客户的买卖中获利。销售和运输成本能够最小化。大部分印刷企业的销售范围是他们所在的市区，一部分更远一些。想想那些就近的销售买家，他们可能厌倦了"不见面"的服务，为了解决那些顽固问题而不停地打电话。为了交流信息、下订单、提交打样样张、生产过程中的订单管理以及完工产品的快速交货，你可以提供及时的、面对面的接触。

大公司追随那些坐落在大城市的客户，小城市成为被忽略的或不被重视的市场。然而，在研究最佳地理位置时，你必须快速反应，因为很多这类近距离的优势将会由于数字化通信新技术的出现而消失。

2. 客户与公司亲密无间

如果销售常用印刷品，你必须创造公司的特色产品。你可以为你的客户提供他们想要的产品，以及其他印刷企业没有提供的产品。

"我的客户需要印刷品"。但是如果你透过表面进行观察，你就会发现其他他们想要的东西。（COSTCO为客户提供这些优势，所以他们想成为会员；这点使得客户和公司之间相互理解，提高了客户忠诚度。）

引导性问题帮助你发现客户的潜在需求。雇用专业人士甚至是市场营销专业的学生，让他们去问你的客户，关于你们的公司，他们最喜欢的是什么，最令他们讨厌的又是什么（局外人比销售员能得到并且报告更加真实的信息）。你可能会发现你在某些方面有优势，例如，是一位出色的客户服务代表；或者你能发现不同的客户的偏好是不同的。然后你必须决定你是否能够为不同的客户提供不同的服务，这样就会让你从竞争中脱颖而出。

另一个方法是提升你的公司在买家和社会中的形象。怎样才能使你占据客户心目中的关键位置，使客户自动与你联系参与印刷业务呢？圣·约瑟夫印刷公司建立了"绿色环保"声誉。D＋H公司通过每年邀请客户公司的高层管理人员穿半正式节日礼服出席著名的芭蕾舞表演，获得了很高的公众声望。Pine Tree Ford & Mercury 公司的销售权，已经使得他的总裁在州政府内阁供职。

3. 利用员工

只有一个方法让你与众不同，那就是利用你的员工。没有其他竞争对手能够拥有你的员工——至少在你雇用他们的时候。普通印刷企业可以通过"特殊"印刷业务代表与客户建立更好的关系。

说起来容易做起来难。如果你的销售人员相当成功，他或她无疑会产生更多的销售额和客户，因此会更加繁忙（如果业务代表是按照佣金支付报酬，情况更是如此）。这是条清晰响亮的口号：走出去，销售，销售，销售。然而销售人员常常在客户非常需要帮助的时候不在他们身边。这个矛盾导致你采用团队销售方式（参见第14章）。

传统观念认为,对于印刷销售人员的培训等同于把小孩子扔进深水池底部。对与客户打交道的员工进行适当教育,可以让你的公司更独特、更优秀。如果你的公司内部没有能够完成培训的市场知识或者师资,你可以考虑借助外力。印刷咨询公司能够帮你的公司设计教育项目,并且帮你进行管理。(咨询当地的印刷协会)培训费用很贵吗?高质量的援助从来都不便宜,但是它只会花掉四色印刷机价钱的很小一部分——同时他会给你的公司带来更多利益。

看看在 Marietta 公司发生了什么

琳达·布雷(Linda Bray)是 Executive 印刷公司(一个拥有上千万资产的印刷公司)的市场营销总监。她说这种事"根本没听说过"。一个市场营销总监仅仅是为了她的薪水,而跳槽去一个小印刷公司?

她解释说:"我们的客户不关心我们有什么印刷设备,他们想知道的是:为了让他们得到好产品,我们能做什么。"她的营销策略重点是 Executive 印刷公司的"关系手册"——一个生产模型展示了公司的员工,所以客户能知道幕后人是谁。

布雷概括了她仔细挑选潜在客户的方法:"通过这本'关系手册'了解我们,然后我们与您会面,讨论您的需要。这种个性化的方法效果不错。它曾经在创造客户渴求的'温暖模糊'的感觉上是无价值的。"

她强调这种市场方法已经使得她的公司从大众市场进入到"狭窄角色"(参见第 13 章)。她知道公司为特定的潜在市场和客户提供的额外服务,客户得到公司提供的额外价值,并且愿意为此支付费用。高价使得 Executive 印刷公司这样做还有利润。

如果你要继续作为一个普通印刷企业,你会发现接下来的几章是有价值的。或许你的某个产品或服务比其他的工作给你带来更多利润。第 13 章和第 14 章会帮你发现这些潜在的财富,你会

把重点放在这上面。

下面是一些普通的建议和案例，这或许能帮你从普通商业印刷品市场的竞争对手中脱颖而出。

①设立客户专用接待室，里面备有咖啡、茶水，还有干净舒适的休息室。

②举办培训研讨会。普通印刷企业为客户提供大约50人的研讨会。

③如果认真编写公司的出版物，并考虑客户的兴趣（而不是印刷企业的兴趣），这种出版物就会取得很好的效果。

④为重要的参访人士举办招待会，给客户发送请帖。

⑤提交公司总裁关于社会、政治或者社区事务的亲笔信。

⑥建立客户档案，保持与客户有关的文件。

⑦给那些获得荣誉或晋升的客户发恭贺信。

所有这些主意帮你更好地对待客户，并且提升你的竞争位置。尽管大多数企业需要一些资金投资，但从中获得的收益一定会远远超过投资成本。如果你为客户考虑得更周到一些，你收费就可以稍微高一些；如果你收费高一些，你就可以创造更多的利润。

警惕性提示：这是一个变革的时代，仅仅是保持你一直以来作的事情，就不能确保你的生存了。当经理面临到严重威胁公司安全的问题时，第一反应就是努力处理那些出现的问题。延长工作时间和增加紧张强度危害了你的健康和家庭关系；没有及时采取适当的补救措施危害了公司的运营。经理们需要站在客户的角度（戴上客户的帽子），看清楚当前正在发生什么，并能采取符合当前情况的行动——这就是市场营销。

柳树印刷公司彻底改造自己

杰夫·埃克斯坦（Jeff Eckstein）是印刷公司的董事长，第三代印刷企业家。加入这个公司不久后，他就发现老一辈人总是最后才承认：行业发生了变化。

埃克斯坦知道，在未来市场比生产工厂更重要。在这方面他最初的一个举动是说服琳达·怀特黑德（Linda Whitehead）离开女性时尚行业，成为公司的市场营销副总经理。谁听说过一家私营小型印刷公司雇用一位市场营销经理，而且是来自时尚行业？

很多年前，柳树印刷公司是一家普通商业印刷企业——但是有自己的特色。埃克斯坦说过："每一个人都在等待经济好转。我知道这是与历史上任何时期不同的时代，那只能是坐以待毙。客户现在期望得到的是品质、价格和服务。他们已经看到我们和其他的竞争者不同了。"

我为柳树公司工作了大约一年时间，4年后回顾了这个过程。埃克斯坦说："我们已经走过了很长的路，但还有很长的路要走。我们知道按照订单印刷只是我们工作的一部分。我们采用顾问的方式。我问我们的客户，'你们用我们的印刷品来做什么？'然后我们就分析我们是否能利用额外服务来增加价值。我们不想成为这一地区最廉价的印刷企业。我们告诉客户在整个项目成本中我们如何节约，并且帮助他们更有效地做这项工作。"

"例如邮寄、实现合同或者改进系统"，怀特黑德补充说，"以那样的方式，在客户看来我们不仅仅是推销印刷品。我们可以提供完整的服务。我们拥有一个由销售人员、车间工人和管理人员组成的客户满意度协会。我们定期开会，对完成的印件进行剖析，检查什么地方做得不够好，什么地方做得比较好。"

埃克斯坦补充说道："每项工作完成后，我们还有一个10分制的客户调查。客户在线回答，可能要花5分钟的时间。调查是这样开头的：'您怎么评价柳树公司的服务？'我们的客户满意度协会对每份答卷进行分析。"

"你知道，琳达提到了一个系统。下面是一个例子。商业卡片——订单总量很多，每一次印量很小，客户很敏感，每一个订单价格很低。坦率地讲那是一个鸡肋。为订单、送样稿和送货多次往复。印刷商业卡片很难赚钱。现在销售人员通过在线排版进行他们自己的工作。他们进行修改直到满意为止，然后点击OK键。我们把OK文件自动发送到数码印刷机，两天后返给客户。在加工过程和管理过程中降低了成本，所有的错误都是客户的责任，突然间我们赚钱了。"

"同样的系统也适用于更大的订单。我们的客户喜欢快速的直接接触。这就是我们与其他公司不同的地方。"

柳树公司正在将自己定位为客户的合作伙伴。目标是通过双方协同建立顾问式关系（第4等级）。公司还在缩小产品目标和检验特殊目标市场。结果是——销售额增加和边际收益提高（尽管失去一个主要客户）。

第11章 营销阶梯第1级——一般商业印刷企业

�
第 12 章
营销阶梯第 2 级
——产品专业化

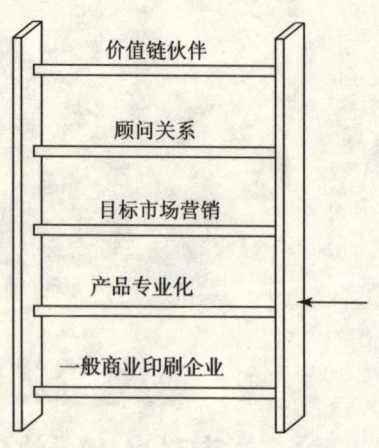

图 12-1　营销阶梯第 2 级

营销阶梯中的第 2 级（图 12-1）和第 3 级实际上处于同一个水平。你可以先爬上其中的任何一级，或者大胆地同时爬上这两级。你可能还会发现你想和一些客户处在第 2 级上，而想和另一些客户处在第 3 级上。

你印刷并且销售印刷品，但是买家并没有购买印刷品。即使他们没有思考购买是为了满足他们的需要（例如销售汽车或处理数据等），他们至少购买了你们生产的产品——目录手册、表格、印有标题的信笺、号码簿、游戏手册、包装袋、说明书以及小册子。把它们称为产品比混在一起统称为"印刷品"更确切。当客户考虑到他们的需求的时候（他们期望这些产品为他们做什么），他们还会考虑到可以做同样或类似事情的其他媒体——例如，目录手册可以展示在互联网上；表格可以用客户的电脑制作并且可能看不到硬拷贝；信纸上的信息可以用电子邮件或者传真机发送出去，或者同时打印出来并且邮递出去；可以在互联网上玩游戏,或者利用 CD 盘玩游戏……

如果你的客户是购买产品（能完成明确的功能）而不是印刷品,你就应该调查你印刷的最好产品是什么,以及什么样的产品能赚到更多的钱（这些似乎是同一组产品）。如果你利用这些产品能赚到更多的钱,可能是因为你的定价高了一些。接下来就是你的客户认为这些产品对他们更有价值。这是为什么呢？当你回答了这些问题,你就寻找到一条通往利润增长的未来之路。

当你开始关注你所生产的产品和为什么你的客户认为它们是物有所值的时候,你在市场营销阶梯上就上升到了第 2 级。

对印刷行业进行大量的研究发现,专业化比通用化的商业印刷利润更高。进入营销阶梯的第 2 级就意味着专业化——专门生产和销售一种、两种或者三种产品。

特种印刷技术

一些采购人员在寻找购买特种的印刷技术。因为竞争对手非常容易理解他们的选择,所以这是安全性最低的特种领域。安全印刷——货币、邮票和彩票等——除外,因为它对设备、系统和安全有特种要求,很少有印刷企业有勇气和资金实力进入这一领域。虽然安全印刷是一种工艺技术,它生产产品。销售人员销售产品,公司采取措施防止盗窃、伪造和失误来提高安全性能。

特种产品

如果你准备检讨你自己的产品并寻找一种特种产品,你就必须了解关于产品生命周期的几个因素。首先，对于你使用相同方法生产的产品，客户没有必要加以识别。你可以认为"四色印刷"是一种产品。在一个促销广告的具体案例中，客户实际上并不关心印刷品是单色、双色还是八色——只要广告能帮助他们宣传产品或服务就行了。客户考虑的是成本/收益的比值——将产品的成本除以产品的销售收入——而不是颜色或数量。所以你必须学会用客户的语言描述你的产品，并进行销售。

客户知道产品的名称如目录手册、印有抬头的信笺、广告牌和支票；但是拒绝从生产这些产品的特种印刷设备和过程来进行描述。你还必须记住，从本质上讲，客户不是购买产品，他们购买产品是为了能够完成某项工作。

人要经历出生、成长、成熟、衰老和死亡，产品也是一样，这个过程被称为"产品生命周期"（图 12-2）。生命周期的每一个阶段有自己的特征，你应该学会识别。

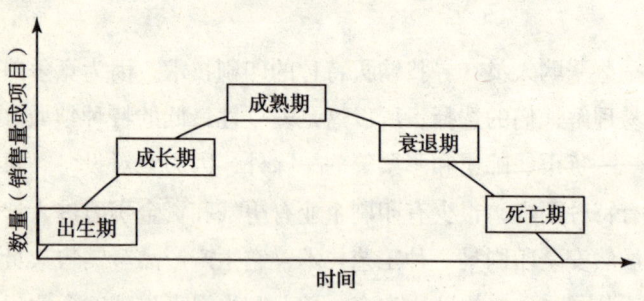

图 12-2　产品生命周期

时间坐标的比例尺根据产品的不同而不同，同一产品在不同地域的市场中的情况也可能是各不相同的

如果你考虑产品专业化，你应该知道它处在生命周期的什么位置。在产品刚刚引入的初期，投资有一定的风险；此时预言成

功或失败为时太早。另一方面,产品可能已经被证明是成功的;但是,如果一个产品正在慢慢死亡,也不是投资的好时机——除非你知道如何从一个衰退的产品中获利的秘密。

特种印刷实例

特种印刷技术

条形码印刷	凹版印刷	印前技术
凸版印刷	大幅面印刷	快速印刷
(多表格印刷)	激光印刷技术	安全印刷
烫金/压凸印刷	磁性油墨印刷(MICR)	丝网印刷
数字印刷	多色单张纸印刷	卷筒纸平版印刷
	光学符号识读器(OCR)	

特种印刷产品

财务表格	电子产品	包装品
广告印刷品	信封	邮票
年度报告	财务分析报告	广告宣传画
艺术品复制	折页广告	文献报告及图片资料
银行票据	外文资料	价目表
公告牌	运动会资料	按需印刷
书籍	贺卡	报告
商业表格	库存系统	学校年鉴
日历	请柬	品牌
手册	品牌、标签	文具用品
支票	衣领纽扣	成品合格证
计算机打印	彩票	电影院戏院门票
创造性作品	杂志插页	旅游票证
定制品	杂志	数码印刷
日记本	手册	墙纸
直接邮件	地图/图表	
指导手册	报纸	

---

1. 出生期

新产品的诞生是一个让人非常担心的时刻,而且"婴儿"的死亡率非常高。大部分新产品并没有生存下来——历史数据表明，20个新产品中大约有19个活不到"成年"。有些产品是设计存在问题，有些产品是"营养不良"，有些是管理不善，还有一些是营销存在问题。

在上升阶段有许多话要说。成为第一无疑要有很大魅力，甚至也有一些公共关系价值。但是成为第一没有被证明是一个赚钱的好位置。正如一位印刷商所说的那样："我们所想的上升阶段变成了流血阶段。"经常是紧跟领先者投资，而获利来自个人的经验。让大型公司去做实验，并做好准备当水流正常时再跳进去。选择时机是最重要的。

新产品的诞生往往是企业家的一件大事。除了两家企业共同发明了同样的产品，这种极特殊的情况，新产品没有竞争对手。假设有足够的智力资源、资金资源、市场又能接受这种产品，产品就能进入其生命周期。

2. 成长期

产品成长是一个非常有意义的发展时期。如果市场里的新产品大受欢迎（想一想蓝色牛仔裤的设计者，他的灵感来源于工厂工作服），在一个成功商品的成长时期，它可能会供不应求。最原始的生产者（受产品高速增长的影响，通常会吸引大量的追随者）集中精力进行生产。尽管有一些竞争，只要供不应求，价格就是次要的问题。生产者最关心的是产量，而在控制或减少成本方面考虑得很少。在成长时期的后一阶段，利润通常很好。

3. 成熟期

沿着生命周期曲线上升到某一点的时候，市场开始趋于饱和状态。与此同时，供应量还在继续增加。当供应量开始超过需求量以后，生产者开始关心如何赢得足够的生产任务（订货量），以便让自己的设备和劳动力保持满负荷运转。获得更大市场份额的传统办法是降低价格，而降低价格就意味着降低利润。这就把压力加到了成本上。于是经理想尽一切办法降低成本——提高效率、提高设备和系统的性能，进行艰苦的工资谈判、缩小企业规模、削减管理费用和开支。

由于成熟期的产品处于稳定状态（时尚产品的成熟期可能只有几周时间，而耐用产品的成熟期可能持续几年时间），生产者为了使产品变成日用品而与发展趋势进行抗争。他们给产品增加特性或服务，使产品和竞争对手的产品区别开来。然而，由于价格竞争，生产者常常不能补偿价格降低对成本的影响。为了保持利润，竞争者开始增加产量和提高市场份额。

成熟期是一个明确定义的阶段。在这个阶段管理规范、投资适当，幸运的企业经营状况良好，而其他企业陷入失败或被吞并。供给与需求最终达到平衡（虽然季节性的波动会导致临时的不平衡）。有时候把这个阶段称为"奶牛"期——是投资减少允许增加现金支出的时期。现金支出的方式是：给股东分红、转移给兄弟公司、偿还贷款、给管理人员增加薪水或奖金等。

4. 衰退期

在平稳期末尾，产品生命周期曲线开始进入下降阶段。对于流行期很短的"时尚"产品，你能够预期到更加陡峭的下降曲线。生命周期较长的产品一般会经历比较平缓的下降。举一个例子，由于借贷和赊购信用卡及电子基金支付的出现，银行支票缓慢下降，这是由于人口的增加掩盖了它的下降。在下降阶段，供给再次超过需求。产品真正变成了日用商品，价格竞争非常激烈。

在商品衰退时期赚钱的秘诀是：控制行业总的生产量，减少生产能力使其与衰退阶段的需求相匹配，避免打价格战。例如，商业表格行业通过兼并和收购减少了企业数目，接下来又关闭了效率低下的企业，从而进入了教科书市场。

5. 消亡期

有很多产品逃脱消亡的命运并进化成为一种新形态。马蹄铁行业灭亡的原因，是由于交通工具由马变成了汽车和火车，它们的动力由煤和石油提供，而不是由动物提供。这个行业由于为日益增长的骑士市场服务，开始小规模的（至少在开始的时候）兴起。滚动式滑轮用于新式滑冰鞋而获得新的生命。权威人士曾经预言，电视机的推广会使电影业死亡；但是电影院进化了，有了宽屏幕和环绕立体声——还有奶油玉米花的香味。

实现专业化

进入营销阶梯的第 2 级——成为一名专家——并不能保证你的公司获得更多的利润。有些专业化企业的利润很高；而另一些则不是。参考下面列出的特点，可以帮助你识别有赢利能力的专业化公司。

- 有生命周期很长的成熟产品；
- 有增长潜能的产品生产线；
- 行业的供应商数目相对很少；
- 进入行业的门槛很高（对于大多数印刷商来说入门费太高）；
- 是高技术行业（竞争者极少）；
- 有可靠的金融市场，保证支票的支付；

- 你对某个产品有所了解。

注意上面列出的最后一项:你对某个产品有所了解。这句话的意思是说,你想要专业化生产的那个产品,可能就是你已经生产的产品。寻找新的专业化产品,首先是在自己的企业里找,行业术语叫做"数据挖掘"。表 12-1 所示是质量价格与服务印刷公司(QUI PS 公司)进行"数据挖掘"的例子。他们首先确定最经常生产的产品,然后分析上一年份的成本项目。表 12-1 中显示各类产品的销售额、销售利润及销售利润率(%)(在将来,他们计划按编码将成本输入,那将提供两年的数据以显示出变化趋势)。

表 12-1　QUI PS 公司产品分析(上一年度数据)

	广告产品	表格产品	文具产品	财务说明书	手册	报告	标签	包装品	年报	合计
销售额										
利润										
ROS/%										

广告产品在销量和利润上都做得很好。尽管在其他细分市场上有一些更好的销售回报,但销量还是很低的。根据这些信息,QUI PS 公司应当考虑在广告产品方面实行专业化生产。

表格类产品的销量很大但利润很低,QUI PS 公司应该考虑放弃表格市场,集中力量开发能获取更多利润的业务(在从一般印刷企业向专业化企业转变中,应该保持设备不间断的运行)。

文具与说明书的生产还有潜能,这些种类业务的价值至少与广告一样。当 QUI PS 公司有了两年的数据,其他业务也能显示出是否有发展前途。

对一般印刷企业来说,每一个订单都是各不相同的。但是,如果你不断重复着生产同一种产品,你就能越干越好。换句话说,思维方式是一个很大的风险。当一种产品开始衰退的时候,决策者有时不能相信如此好的产品正在衰亡。当你的产品的生命周期进入衰退阶段的时候,一些占有少量市场份额的供应商应当退出市场或卖出自己的产品——但是他们很少会有这样的勇气去作出那样的决定。他们变得太专业化,以至于他们不知道如何去做别的产品的生意。他们迟迟不作出市场决策,情况变得更糟,他们的公司价值开始下降,这是恶性螺旋式下降。

但是高回报就意味着高风险,当产品开始沿着它的生命周期曲线下滑的时候,供应(在印刷行业就是"生产能力")大于需求。竞争者通过降低价格力图保持产品卖出量。但这不可避免地会遭到报复,其结果是销售量更少,并且利润更低。

最可行的是服务专业化而不是产品专业化,尽管这种选择或许并不能持久。专业化可以体现在质量、快速变换方向、个性化、数码印刷等方面——你还能想出更多的方面。这些形式的专业化对于竞争对手来说更加明显,而且容易被模仿。为了实现产品专业化,印刷商必须知道很多关于产品在市场上的应用知识。

专业化,高风险与高回报共存,这也是专业化繁荣的原因。

专业化的实施步骤

①识别可能的专业化方向——这是你正在做的事情吗?
②进行可行性研究——在生命周期中的位置;市场的规模和构成;竞争与市场占有率;分销渠道;企业的市场定位及形象;资源需求等。
③可行性方案比较——其他机会及资源的使用。
④公司内部各项事务的协调——扩展、扩建与更新;管理人员及熟练员工;现有的空间及设备;管理重点等。

⑤市场测试——测试地点、时间及规模（如果突然推向市场很重要，可以不进行市场测试）。

⑥改进性调整——产品，服务，生产，宣传，销售以及配送。

⑦检测产品"品牌"——没有别人可以生产你的品牌。

⑧作出最后决定，并且启动计划。

⑨经常进行评价和调整。

专业化的优势与风险

优势：
- 了解客户使用产品的情况；
- 系统与设备是为实现专业化而设计的；
- 质量控制做得更好；
- 重复地生产同样的产品；
- 每一个产品的成本节省＝全部产品的成本节省；
- 懂行的竞争对手会更少；
- 容易发现竞争对手的价格；
- 按产品方向聘用销售人员和经理。

风险：
- 把所有的鸡蛋都放在一个篮子里；
- 市场的变化可能会导致产品逐渐过时；
- 受市场需求波动的影响很大；
- 经理与雇员的思维方式僵化；
- 缺乏灵活性；
- 高利润引起竞争。

第13章
营销阶梯第3级
——目标市场营销

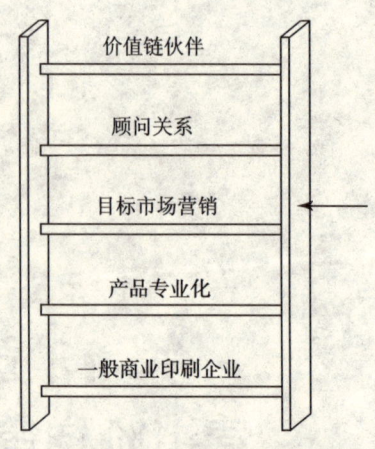

图 13-1 营销阶梯第 3 级

当你正在向营销阶梯第 3 级攀登时,你应该已经通过产品专业化阶段,你应该可以辨认出利润高于平均回报而销量又有保证的产品或服务。下一步就是确定你的市场在哪里,并销售你提供的独特产品。这种选择与进入特定市场的过程被称为"目标市场营销"。

一个普通印刷企业,习惯于将产品推销给每一个人。你或许对你生产和销售的几样产品推销的重要性有些了解——那么为什么不能把它们销售给每一个人呢?

但是,你已经进入目标市场营销,虽然你可能没有意识到这一点。你没有足够的资源为整个社区或全世界服务,因此要精确地选择目标客户人群。

管理者应该成为目标市场销售的领头人,这种做法对公司有好处。如果管理者没有选择目标市场,销售人员也一样。销售人员经常将下述事项作为判断准则:机缘巧合——闯进高尔夫球训练课，那里会有人想购买印刷品；利用亲属或邻里关系——隔壁的姑娘或者她的表兄弟；供职资历——这总是理由；运气——某人走进门并请求会见销售人员；或者类似的策略。所有这些准则中没有一个与你的销售对象有关系——他们是能带来利润的客户吗？（你应该有合理的应对方法，但是绝大多数企业仍然觉得这是个难题。）

市场导向型的印刷企业开发了新的市场空间——他们知道他们客户的需求。这是三个专业化模式中最能持久的一种，因为竞争对手很难开发出同样的知识，甚至很难意识到这些知识是有价值的。

选择目标市场

最明显的目标市场选择是根据行业进行的。下面的列表虽然很难理解，但是为进入潜在的目标市场提供了一个很好的选择。

- 广告代理
- 产品制造
- 设备制造商
- 建筑师
- 协会、团体
- 广播电视
- 流行服装精品店
- 经纪人
- 建筑工人
- 摄影
- 食品
- 水果
- 家具
- 地理
- 政府部门
- 医疗机构
- 保险
- 内部装修设计师
- 珠宝商
- 律师

- 会计师
- 童装
- 电脑
- 杂货店
- 服装设计师
- 教育
- 工程师
- 金融机构

- 医药
- 采矿
- 印刷经纪人
- 铁路
- 房地产
- 老年人
- 商业印刷
- 货车运输业

一些产业市场可以进一步被细分，如：

- 医药业
- 医生
- 牙医
- 医院
- 药品生产与销售

- 建筑业
- 居民住房
- 工业用房
- 商业用房
- 教堂

案例研究：检查生产

专业化的最终结果是把三个领域组合在一起（工艺专业化、产品专业化和目标市场营销）。D+H公司的专业化是为银行业生产银行支票。公司开发了专业化系统和设备，能够提供高质量、低成本的产品。

例如，D+H公司有一台装订设备，完成印刷、折页、装订、裁切工序后，按客户的名称收集在一起，然后装箱发货。

虽然公司的工程师们从未停止探索，但很难想象会有效率更高的做法。还有其他更好的机器吗？没有！

但是，D+H公司还在花费它的资源研究各个国家的付款系统。在这个系统中，金融机构是一个主要组成部分。他们甚至还研究他们客户的客户的需要和想法，然后设计更适合这些需求的产品。

利用这三种方法实现专业化，使得D+H公司具有了持续的竞争优势。

市场细分:批发商、制造商、零售商

这是印刷商细分市场采用的另一种方法。你可以将印刷产品卖给批发商,批发商再将你的产品卖给客户(广告代理商或印刷经纪人就是这样的例子)。你的市场也可能是制造商,他将你的产品与他的产品组合在一起(例如包装盒或使用手册)。或者你可以直接向客户零售(信笺、信封、表格和名片)。市场细分非常有价值,因为每个市场的销售需求是不同的。很难看到一个销售人员能够如何有效地为不同领域的客户服务。

• 批发商:是这样一类客户,他们把购买的商品再转销给他们自己的客户。客户已经做了完整的设计和市场计划,在产品质量符合规定的条件下,价格成为最重要的决定因素;准时送货也成为一个因素,并成为一个非常重要的特点,可以给供应商提供很强的竞争优势。

• 制造商:印刷企业成为客户供应链的伙伴。考虑水泥制造商的包装袋,他们购买的不仅仅是印刷品,他们购买的是保护、广告和他们产品的附加价值。

• 零售商:是这样一类客户,他们购买商品是为了开展自己的销售业务(如文具、表格等)。客户有时也会考虑一些"麻烦"的事情———一些必须做而对经营又不太重要的事情。另一方面,年度报告将成为优先考虑的项目。不论属于哪种情况,客户都不太关注有竞争力的产品报价。他或她想要一个可靠的供应商,他了解客户的需要,并能准时送货。

行业或行业细分可能是最重要的生产目标选择,因为它非常容易界定,并且能被大家理解。一旦选择一个确定的行业目标市场,巨大的教育机会就向你敞开了。你可以参加行业贸易展示

会，订阅行业杂志，出席研讨会，加入行业协会，接触客户的客户，参观制造工厂和库房，搜集该行业的新闻。销售人员很快就对他或她的客户的业务情况有所了解，并且超过了对印刷业的了解——事情本来应该如此。最终结果是，由于销售人员了解客户的经营情况，所以能为客户提供更好的服务。公司里很多人也能提供必要的印刷专业知识。

在专业化过程中，挖掘利用过去的数据是识别目标市场的一种理想的方法。

QUI PS公司对前一年的数据进行深入研究（表13-1），并发现一些关于细分销售方面的额外因素。公司根据服务的不同市场统计销售量（见第12章）。

应该记住，广告印刷品似乎是一个利润较高的产品。QUI PS公司现在发现，为用具制造业提供的这些产品虽然销售量不大，但利润也很高；这些产品在保险、医药、社会团体市场方面也有前途。另一方面，广告品在政府市场上做得不好。基于这些数据，当可以用利润更高的业务替代政府广告业务的时候，企业应该逐步退出政府广告市场（政府在总销售中占13%的份额；QUI PS公司找不到替代业务就不能放弃这部分市场）。

表格印刷品在总销售中占28%，然而利润非常低。当能得到利润更高的业务时，QUI PS公司会减少或取消表格生产线。文具只代表了11%的业务量，但在大多数细分市场里的利润是合理的。如果能够提高金融机构说明书和保险业手册的数量，就显示出赢利的潜力。然而，建筑师/工程师报告没有显示出发展前途。

小提示：对于制定改革决策来说，时间跨度只有一年是太短了。在这里所引用的QUI PS公司的例子中，报告的销量很低，导致的结果是巨大的亏损。

表 13-1 QUI PS 公司产品/市场分析（上一年度数据）

项目	广告材料	表格	文具	说明书	菜单	报告	标签包装品	手册	其他	合计	
广告代理	432	0	98	0	0	0	0	0	101	631	销量
	9	0	4	0	0	0	0	0	3	16	利润
	2.1	0.0	4.3	0.0	0.0	0.0	0.0	0.0	3.1	2.6	利润率
建筑师工程师	18	155	26	0	0	330	0	45	15	589	销量
	1	10	3	0	0	-12	0	4	2	8	利润
	6.7	6.3	10.8	0.0	0.0	-3.6	0.0	8.7	12.7	1.3	利润率
财政金融	12	288	135	680	0	23	0	0	61	1199	销量
	1	9	11	61	0	2	0	0	3	86	利润
	6.7	3.1	8.1	9.0	0.0	6.5	0.0	0.0	4.1	7.2	利润率
用具行业	1098	28	145	0	0	0	0	0	88	1619	销量
	98	9	14	0	0	0	0	0	6	127	利润
	9	3.1	9.4	0.0	0.0	0.0	0.0	0.0	6.9	7.8	利润率
政府	139	650	128	0	0	0	0	0	29	946	销量
	2	2	4	0	0	0	0	0	4	11	利润
	1.6	0.2	2.7	0.0	0.0	0.0	0.0	0.0	13.4	1.2	利润率
保险	105	165	101	0	0	35	0	191	0	597	销量
	9	6	9	0	0	3	0	17	0	44	利润
	8.8	3.8	8.5	0.0	0.0	8.9	0.0	8.9	0.0	7.4	利润率
餐馆旅馆	0	135	69	0	202	0	0	0	18	424	销量
	0	9	7	0	14	0	0	0	1	31	利润
	0.0	6.4	10.7	0.0	6.8	0.0	0.0	0.0	6.1	7.3	利润率
医药	178	175	56	0	0	0	201	0	0	610	销量
	15	2	4	0	0	0	13	0	0	33	利润
	8.3	1.1	7.3	0.0	0.0	0.0	6.2	0.0	0.0	5.4	利润率
社会团体	105	158	53	0	0	0	0	101	10	427	销量
	8	3	4	0	0	0	0	9	1	24	利润
	7.1	1.6	7.7	0.0	0.0	0.0	0.0	8.8	5.0	5.5	利润率
其他	98	102	30	0	0	0	67	63	43	403	销量
	8	2	2	0	0	0	6	4	2	23	利润
	7.7	1.5	7.3	0.0	0.0	0.0	9.0	5.7	5.1	5.7	利润率
合计	2185	2116	841	680	202	388	268	400	365	7445	销量
	151	50	62	61	14	-7	19	33	21	403	利润
	6.9	2.4	7.3	9.0	6.8	-1.9	6.9	8.4	5.8	5.4	利润率

这样的分析非常有启迪作用，但是你不能盲目跟随所有的指引，当你再次成立一个一般印刷企业之前，你能拥有多少个专业化项目呢？最终必须作出选择，资源必须集中——如果没有做这些工作，你必须重新组合，重新开始。

利用电子表格可以很容易进行这些分析工作。如果你将你所想要测试的变量信息全部输入，你可以对市场/销售人员、产品/地区、印刷设备/市场以及其他变量进行同样的分析。

了解目标市场

目标市场营销是由三部分组成的一个圆（图13-2）。每个扇面是圆圈的一部分，但是不区分第一、第二、第三。虽然从市场选择开始最合乎逻辑，但是你可以从任何部分开始。每一件做完之后，你做了一圈，并且再重做一遍。市场从来不会结束，永远都是在进行中。

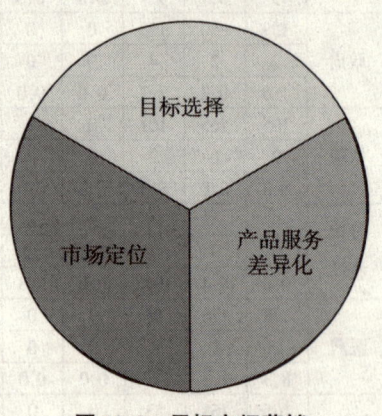

图13-2　目标市场营销

1. 目标市场选择

实践操作的开始部分被称为市场细分。概括地列出你所服务的全部市场是一个非常有趣的活动。如果你是一家一般印刷企业，就可以很明显地看出你的营销网络扩展到很大范围。市场选择就是挑选出最好的市场，回报最高和最有发展潜力的市场。如果你已经确定某些产品作为你的专业化产品，你的市场选择就很清楚。例如 D+H 公司向金融业销售支票，他们也可以把支票直接销售给提供短期周转资金的私人银行。

让我们再继续讨论 QUI PS 公司的案例，该公司想利用他们向用具行业销售广告印刷品方面的优势；这就是他们的目标市场。QUI PS 公司应该对这个市场进行分析，以便决定把力量集中在何处。

在用具行业这个案例中，QUI PS 公司的目标定位于那些已经熟悉、已经服务过的老市场。在分析潜在的市场时，萨莎的行业知识变得很有意义。她在用具市场领域拥有很高的荣誉，并且很清楚如何操作。她告诉管理人员，她不是在卖广告册，而是在帮她的客户卖电炉、电冰箱、收音机等。她浏览商业出版物以寻找新的房屋规划，并且她是当地用具协会成员的供应商。实际上，是她以前拜访过的客户找到了她。然而她仅仅是一个人，所以她不可能跟得上住宅建设的迅速发展。

目标市场的特征

- 市场购买的产品总量（包括竞争者和自己）；
- 市场的技术定位（可能逐渐衰退）；
- 产品和市场在生命周期中的位置；
- 市场未来良好的走势（成长、停滞、衰退）；
- 对市场的学习能力；
- 在市场内的联系；
- 在市场中的信誉；
- 市场中和竞争对手相比所具有的优势；
- 客户的流动性：保持与流失。

只选择很少的市场作为目标市场是有一定优势的。一个销售人员可以知道很多关于钢铁行业的知识，甚至对该行业客户的信息知道得更多；但是如果销售人员需要对跨越几英里范围和很多行业的两百多个账户作出回应，他们能记住客户的名字就不错了。D+H公司就有一位很出色的销售人员负责和银行联络，这个人不但记住了采购代理人的名字（first name），并且能记住金融行业高层管理人员的名字。

案例研究：小城镇印刷企业运用市场营销

加拿大马尼托巴省阿尔图纳镇的人口有 3000~4000 人，这里有一家印刷企业名字叫弗里森斯公司。他们面临的选择是：是继续维持小规模经营为本地区的居民服务，还是扩展到人口更多的中心城镇而实现增长。

第一步是确定公司生产的产品中哪一个比较好，哪一个最受客户青睐。弗里森斯选定的产品是学校年鉴、贸易和教育图书。到 20 世纪 50 年代末，公司已经进入温尼伯的教育和出版市场。

当戴维·弗里森（David Friesen）从他父亲那里接手以后，他把公司的市场范围扩张到了 1000 英里以外的卡尔加里。戴维回忆说，卡尔加里的印刷企业对一个进入他们领地的雄心勃勃的外来印刷企业，是不够友善的。

弗里森斯公司作了专业调查，了解学校年鉴的学生编辑们需要什么和想要什么。这是弗里森研究机构内的一个专门部门。现在他的公司的印刷服务市场遍布加拿大和美国。这家公司甚至举行研讨会，并发行全彩色上光新闻杂志，以帮助学生创造更好的产品。

弗里森斯公司由于及时性、灵活性、技术先进，并始终把客户放在第一位，在贸易和教育图书出版商中间建立了良好的声望。公司现在通过几个主要的销售服务中心服务整个加拿大和美国的出版商，但公司仅在阿尔图纳有一个现代化工厂。弗里森斯公司现在雇用的员工已经超过了 500 人，赢利是产品专业化和目标市场营销共同作用的结果。

你选择的目标市场可能是某个产业或产业的细分市场；它可能是一个种族社区、一个年龄段的人群（孩子、老年人）；批发商、制造企业、零售商——以及你可以想到的其他人群。

还可以根据地理位置来选择目标市场。快速印刷企业使用这种方式开始他们的业务，典型的区域服务计划就是公司所在地的周边地区。他们可能会选择多层办公楼的底层。

在市场营销中的 4P 理论中，"市场定位"通常都特别重要（互网络和计算机化已经极大地改变了位置的价值）。快印企业承接了大量短版业务，由于桌面电脑打印技术使得办公室可以自行印刷，于是快印企业失去了很多业务。当一个老板派遣一名员工，带着样本和说明去一家快印企业要求印刷时，位置是重要的决定性因素。利用互联网，一个文件可以发给上百家印刷企业的任何一家。

目标市场的选择可以在已经提及的大群体中进行细分精选。下一步是选择客户和潜在客户。对计算机保存的记录按人细分和研究，你可以确定你希望与之进行业务往来的每一个经理人员。你应该记住，行业不购买你的产品，公司也不购买你的产品——是人在购买你的产品。如果有一个人——是在你的最能赢利的目标市场中最重要的客户雇用的一个人——能对你的产品作出决定，你应该了解清楚你能为这个人做些什么。

2. 产品/服务差异化

除非你是唯一的并且比竞争对手更优秀，否则价格就会成为你和竞争对手唯一的差别；但是，价格竞争通常只能确保最低利润。目标市场营销的一部分是建立独特的、更优秀的产品和服务，并且在这一领域一直保持领先。这被称为"持续竞争优势"，这比在棒球比赛的最后几秒钟跑过40码更有价值。

竞争是迫使价格和利润降低的主要商业因素。如果你能把自己提升到竞争水平之上，你就能看透市场的情况。根据客户对你的产品和服务的评价价值收取费用，是提高利润的最好方法。研究表明，不够成熟的市场人员常常会低估了他们的产品和服务的价值。

案例研究：小型印刷企业探索全球化

比弗印刷公司实行折页产品专业化的建议已经有很长时间了。他们培养了一批生产能手，能够熟练地操作模切机、压痕机、折页机和上胶机，能够生产出精美、复杂的折页产品。公司总裁桑迪·唐纳德（Sandy Donald）认为，用同样的生产工艺可以生产出小纸盒——例如企业卡片盒、信纸盒，甚至制造业的小型产品盒、设备的包装盒或珠宝包装盒。

他接触过对他的主意感兴趣的两家客户。显然这些小盒子不是那么容易做出来，而且价格较贵。问题是在比弗印刷公司服务的传统市场上没有多少市场前景。企业决定将他们的产品放到网络上，品牌定为"比弗小纸盒"。这是个很好的品牌名称——容易记忆，有特色，意义明确。他们甚至没有提到"比弗印刷"。

但是，正如著名的专栏作家格特鲁德·斯坦（Gertrude Stein）所说的那样："印刷就是印刷就是印刷（原书为：Printing is pringting is printing）。"你是如何将你的产品或服务与竞争对手的产品或服务区分开来的呢？从找出客户真正的需求开始。达成这个目标之前需要经过长期的讨论；简单地问"你需要什么"是不够的。查尔斯·斯图尔特（Charles Stuart）在一次研讨会上说："当我问我的儿子想要什么作为圣诞礼物时，他说要一个英式足球。但是我发现他真正需要的是一套内衣裤。那么现在我们必须做的就是将发现的需要转变成一种想要。"这才是最重要的信息。发现需要再将之转变成想要，你的产品和服务才能区别于只知道销售印刷品的竞争对手。

网站上包括简单的价格和尺寸、E-mail和邮件地址以及免费电话号码。在实施的初期阶段，他们没有为联系购买搜索引擎的位置操心，全靠语音系统支持。现在大多数人开始有了更多的兴趣，于是企业开始在一份快印杂志上刊登网站的广告。

3. 市场定位

- 在你所服务的市场中你的形象如何？
- 当消费者谈及你的产品时，他们的第一反应是什么？
- 当供应商想到你所生产的产品时，他们大脑中首先浮现的是什么？（这在广告行话中被称做"首要意念定位"。）

当你回答完以上问题后，再检查一遍，然后注意你想得到的是什么答案。这就是你要努力争取的目标市场定位。品牌化被认为是你想建立的市场形象或市场定位的一个概括。品牌可以是一个口号或者一种图像，它能够激发受众的联想。

IBM一直寻求在电脑市场上做到首要意念定位，而且拥有这种令人垂涎的定位已经很多年了。当台式电脑出现后，IBM的市场开始衰落，公司错误地认为台式电脑的系统在电脑业不是很重要。

你在市场中的形象是什么？如果你是普通的印刷企业，你会发现不同的客户有着截然不同的看法。一些客户想到你的产品是说明书（小册子）而不是表格；一些客户则想到的是表格而不是彩色印刷品；另外一些客户则认为你的价格很高；甚至还有一些没有听说过你。但是即使你不想进行产品专业化，你也应该努力寻找一个大家都喜欢的市场形象。一个好的市场定位能够帮助你在现有客户中建立信任感，并且能够在潜在客户中树立良好的声誉。一贯性创造可靠性。

案例研究：产品/服务差异化

当我向一家保险客户销售印有抬头的回执的信笺时，我问他有什么需要。他谈及有关纸张和印刷品质量的问题。我发现公司的秘书喜欢用邮包而不是带有回执的信笺——能够保持打开包裹的整洁。

我还知道，必须把这些信纸从总部的中心仓库分发到全国20多个分支机构。客户抱怨说："这真让人头疼。这就意味着20份详细的存货目录。在早晨5:00钟的时候，一家分支机构来电话说，他们只剩下最后2查信纸了，请立即发快件过来。财务总监责备我超出了他们的货运预算。我应该是采购经理，但是却成了一个育婴女佣。"

这段对话证明了一个真正的需求。为了把我们公司与其他公司区分开来，我提出以下解决的办法："我们怎样着手处理存货问题？我们应该保留中心仓库。我们应该设计一个库存控制系统，从而为运输提供更多的时间，并减少运费支出。你可以集中力量进行采购，各个分支机构会更满意，并且花费的成本大概不会比现在多。

* * *

一家加拿大银行为学生设计了一种专用支票（银行喜欢得到人们的第一笔账户，这样他们有可能获得终身的客户）。已经把奖品发送给1000家分支机构，并且支票的订单开始到达 D + H 公司。在那儿把这些信息输入我们的电脑，开始生产产品，短时间内通过邮件投递给学生客户。

在与银行市场副总监的一次谈话中，我们的一位高层主管问道："你想知道在每个分支机构中有多少学生登记参加你的计划吗？每个分支机构的总账户是多少？"这位客户非常吃惊——我们揭示了甚至他们自己还不知道的真正的需求。这是个简单的数据挖掘的案例，这些数据已经保存在我们的计算机中。

QUI PS 公司用一个简单的表格（表 13-2）揭示它在市场中的形象。表 13-2 中的曲线表示从 16 家主要客户中得到的回答的平均水平（8家在用具行业，4家是广告代理机构，2家保险公司和2家医疗器械供应公司）。这个曲线表示平均的反映水平。

表 13–2　市场形象分析

日期：00/00/00　　　　　　制表人：约翰·斯密斯（John Smith）
公司名称：QUI PS　　　　　产品/市场：广告产品——用具行业

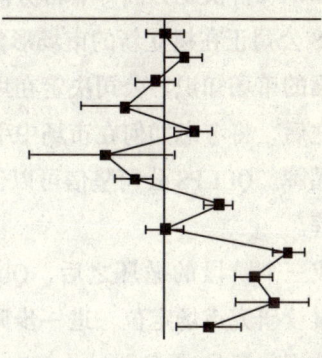

产品
客户服务
销售代表
市场认知
技术知识
产品配送
促销
可靠性
市场领导能力
道德标准
财政实力
社会形象
价值

说明：

　　根据上面图中的比例尺，评估客户对指定的公司产品/市场的反映。将客户对各项的评价与竞争对手的平均值比较，比竞争对手好——画在垂直线的右侧；比竞争对手差——画在垂直线的左侧。水平线表示回复者的意见分布情况——线段长表示意见不一致；而线段短意味着看法比较一致。

　　所有等级都基于相关竞争中顾客的感知。所谓竞争者就是你想要从他那里得到生意的那些人或企业，包括其他印刷企业和媒体（如广播或者电视）。如果你的公司的分布是靠右侧，那么市场就感觉你比竞争对手更独特、更优秀，你可以提高价格水平，反之，如果你的公司的分布位于中央或者靠左侧，那么你就不得不被迫压低价格。

　　名词定义如下。
- 产品：包括质量、创新和按时交货。
- 客户服务：公司全部成员给客户提供的售前、生产中和售后服务的程度。
- 销售代表：是否好于行业平均水平。
- 市场知识：你所掌握的本行业的经营知识。
- 配送：你是 FOB 型企业吗？或者正寻找顾客习惯的方法？
- 促销：包括广告、促销项目方案和物质奖励。
- 可信度：你是全力支持你的产品吗？
- 市场领导者：你是如何评价市场对抗竞争的？
- 道德标准：你的客户认为你的标准更高吗？
- 财政实力：客户还愿意继续和你做生意吗？
- 社会形象：客户认为你是个有良好声誉的团体法人吗？
- 价值：你的客户认为是物有所值吗？

QUI PS公司离开营销阶梯第1级的时间不久,所以它了解到不同的客户对它有不同的形象认知。虽然这和可靠度、道德标准、财务优势以及公司形象高度相关,但这在客户服务、销售代表、市场知识和价值观方面却非常分散。

QUI PS公司正在树立新的市场形象,并且决定集中于研究用具行业方面的市场知识。公司决定在用具行业客户中达到首要意念效应。之后,将考虑如何在市场中引入和维护这个新形象——如何成为品牌。QUI PS公司坚信可以创建一个独特的区别于竞争对手的品牌。

在完成三个阶段的循环之后,QUI PS公司重新审视各个环节。他们继续研究市场定位,进一步调整他们的目标市场。然后依次调整他们的产品/服务差异化策略。因为市场是动态变化的,任何事情都不会长时间保持静止不变。优秀的营销人员随时根据市场的变化重新进行市场细分,并依此进行调整。根据需要给市场施加影响力,是可以选择的另一种方案——但是这一点对一般的印刷企业不适用。因为做到这一点需要有强大的市场势力和资金支持,所以只有大型公司才能够考虑选择这种方法。

在市场营销爬升的后期,大量的在目标市场营销循环划分的三部分所没有的问题在公司里面出现。这些变化中,首要的是整个销售观念的转变——从单个人的企业家态度("我要赢得客户")到团队精神。在一些高回报的代理公司,即使他们销售人员的实得工资没有受到影响,他们依然不能接受改革,依然对陈旧的经营模式乐此不疲。他们依靠自己的力量,并且在通常状况下不相信同行。所以,这样的人很难成为团队成员。但是,为了攀升市场阶梯,有以上想法的销售人员必须要改变——但是其中一部分人不会改变。依据这种旧模式,你可能在短时间内生存,但之后你就将不可避免地面对独创性——如果你计划攀升到营销阶梯的更高等级,更必须如此。

品牌的形成

在你确定了市场定位以后(你的客户如何看待你),你可以开始将公司的形象形成品牌。一个品牌是你是什么的整体包装。我们遇见了很多人但随后就忘记了;那么你可以说这不是个令人难忘的品牌。但是我们也见过一些人并对他们留下了深刻而鲜明的印象(不管是负面的还是正面的)——这些人有难忘的品牌。

品牌可以是个人的、机构的或产品导向的,也可以是两种或三种以上组合而成的。如果一个品牌通过图像呈现或由文字表达,那么它就成为商标(™),并且可以合法注册。

表13-2中的曲线描绘的是QUI PS公司的现有市场定位。客户将公司看做是具有商业道德、资金雄厚和社区事物的支持者。但在客户的认知中,在许多重要领域——例如在杰出的销售人员、市场知识和促销方面,QUI PS公司并不高于平均水平。简而言之,QUI PS公司是稳定而可靠的,但有些迟钝。在对QUI PS公司缺乏了解的情况下,用具行业的客户就给予公司这样的品牌形象。如果QUI PS公司对这样的市场形象不满意,那么它就需要作一些改变。

如果你的公司已经攀升到营销阶梯的第2级,并且开始产品专业化,你应该围绕该产品建立一个有个性化特点的商标。用你的商标在你的客户和潜在客户中实现首要意念定位。

大多数印刷企业仅有非常少的预算帮助企业取得市场的认可

和赞美,所以必须选择对观察者有意义的事情。IBM花费巨额资金,使国际商用机器公司(International Business Machines)的三个大写字母成为可被识别的品牌符号。你可能没有那样巨额的预算,但是你必须创造一个容易被识别的属于自己的商标——如果你的名字与众不同,那么就用名字,如麦考密克饼干(Mc Cormick's Biscuits);或者用妙语警句,如卖用具的印刷公司(QUIPS)。比弗印刷公司(Beaver Press)的总裁桑迪·唐纳德(Sandy Donald)说过他有这样的经验,一个人的名字在市场上能够被记住,要比拥有一家小型的公司更有价值。"比弗"(Beaver)就是一个容易记住的名字。

品牌是一个非常重要的市场工具。品牌是保持首要意念定位的最简单的办法。例如,想象这样一个场景:在单调的长时间驾车行驶后,你想来杯咖啡放松一下。你开始寻找卖咖啡的地方——但不是随便任何一种咖啡,你有自己的偏好。第二杯咖啡总是能够给你所期盼的感受——味道、适合的温度、芳香、满满一杯,便捷,热情服务。这就是当你想到咖啡时的首要意念。所以现在正是寻找这样的一个品牌——像第二杯咖啡一样。如何使你的客户以同样的眼光看待你呢?

案例研究:SPECIALTY 印后加工公司

诺曼·比哲(Norman Beange)希望他的印后加工公司比他的装订公司有更大的发展。在广告代理公司的帮助下,他创建了一个独特的 SPECIALTY 印后加工公司。

他的新标识是一只正往帽子外面跳的兔子。广告语是"我们做其他人不能做的事情",另一种说法就是"我们是奇特大师"。这就成了他的商标。

> 比哲认识到有一定规模的印后加工量是非常必要的——这是任何装订企业都能做到的。然而,挑战与回报是公司要进入不同寻常的印后加工业务(一种产品是模具切割,将平版印刷模版制成立体八边形。他谈到了这种产品对邮件投递的挑战。当拆开信封时,一个小的嵌入物开始发生分离)。
>
> 比哲的市场充满挑战。他有一台机器能够在一周内"签封"1000多封信,这些信件作为样品被邮递到北美洲。每封信都包括一个已经完工的精美的包装小样。他有一张清单,上面记录了收到SPECIALTY印后加工公司传真的人员名单,总数超过了7000人。为了吸引客户兴趣,还寄去了设计精美的盒子(价值25美元)。
>
> 为了充实邮件投递清单,他经常寻找其他有资格的印刷企业和代理公司(在添加人名之前,都会给有资格的企业打电话)。在这样的细分市场中公司能够达到90%的良好回访率。
>
> 尽管大多数的联系是通过邮件和互联网进行的,在北美洲他有几个代理公司,时刻准备到有良好前景的任何地方去联系业务。有趣的是,他发现这个地区的袖珍图书,当地的传统装订企业制作得不好。在这个区域性的市场中,客户渴望和外来的企业合作。
>
> 他补充说到,过去竞争者用1年或者2年的时间才能赶上我,现在几乎不超过6个月。我得去寻找他们没有触及的市场。

可以利用视觉符号制作出更容易记住的品牌形象,例如在你认字之前,你就能认出可口可乐的品牌图案(Coca Cola)。品牌的标识语不能创造品牌,但它是理解整个形象的捷径。首先看到的是品牌,然后是标识语或者符号——帮助回忆或识别品牌——最后是公司或者已经创立了品牌的产品。

印刷企业内部几乎没有能承担商标设计、描绘和制作的专业人才。很多企业恰恰是在确定他们目前的或希望的市场定位方面遇到了不少麻烦。品牌的设计和制作如此重要,所以值得聘请外部专家。商标的设计和制作过程如下:

①撰写任务书;
②确定你要展示给客户的形象;
③将形象融入商标;
④创造商标图案;
⑤商标注册;
⑥随时随地使用你的商标。

第14章
营销阶梯第4级
——顾问关系

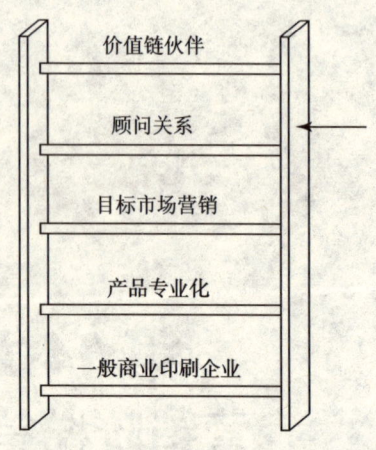

图 14-1 营销阶梯第 4 级

营销阶梯的第 4 级是不容易达到的。与客户建立顾问合作伙伴关系是要付出昂贵的服务时间的。你必须确保得到的好处——增加销量和利润——是值得投资的。

营销阶梯第 4 级吸引人的地方是，即使一般商业印刷企业，通过调整与特殊客户的关系（这些客户愿意建立顾问关系），也能够达到这一级。不想实行专业化或不想选择目标市场的一般印刷企业，可以直接跳到这一级。（你可以说选择这种关系的客户就是印刷企业的目标市场，虽然他们的共同点很少。）对某些一般印刷企业来说，这是产品专业化的第一步。在这种方法的建立和操作过程中，印刷企业开始关注那些确实能为公司的价值做出贡献的产品和市场。

如果你已经爬上了营销阶梯的第 1 级、第 2 级和第 3 级，你的销售团队有责任确保你的客户对你的产品和服务是满意的。每一个团队有一位领导，他的主要职责是与客户购买领导人保持联系。另外，这有一条自由沟通渠道，客户团队的任何成员都可以和供应商团队的任何成员联系。

这使得双方都可以有很好的内部信息交换，所以不一致的观察和指示不会影响另一方。大多数组织用 E – mail 作为标准信息传递方式，向每个人发送他们关心的信息。通过一对一的交谈之后，印刷企业代表打印一个简短的提要，并通过 E – mail 进行群发。印刷企业代表的邮箱里可能还有客户的客户或其他供应商的地址，除非客户想单独做这些。当两个团队开始自由沟通并互相依赖的时候，协同效应就开始出现。

买印刷品只是故事的一部分

在和信号设计公司负责人考斯塔·蔡塞卡斯（Kosta Tsetsekas）一次面谈的过程中，莫利·乔斯（Molly Joss）要求蔡塞卡斯解释一下，印刷商在寻求新的工作时，接触到像信号公司这样的潜在客户的最好方法是什么。

"他们需要找出一种能把自己与其他人区别开来的方法。他们必须证明他们具有独特的能力、技术、工作流程和方法，或者得到的纯利润能引起我们的兴趣。"

"人们喜欢与能分享他们的价值和兴趣的人合作。他们的人员有知识，能帮助我们推动设计方案达到最完善，同时又能避免缺陷。在每个项目开始的时候，我们都把他们包括进来，并且他们常常能做出更大的贡献。"

"他们做了很多我们认为应该做的工作。例如，在把样张交出去之前，一定要对样张进行检查，以确保不会出现料想不到的事情；对排版版面进行调整，避免出现暗影或重影；根据记录中记录的客户提出的要求，选择纸张的丝缕方向。其他的工作还包括对模切线进行测试和矫正，以确保适合以前提出的要求，同时又保留了改变的机会。"

"他们经常对纸张、亮光油和金属材料进行测试，对测试数据曲线进行修正，以便利用他们的设备能得到最好的效果。他们经常进行设备更新，使其处于良好的运行状态，有计划地、持续不断地提升雇员的技术水平。"

> "他们还把自己与相似或相近的行业联合起来,并且处在这种趋势和实践的前沿,这些实践不但影响印刷企业,而且还影响我们的经营。他们慷慨地分享知识;他们倾听客户的需求,理解客户的需求,并提前考虑如何满足客户的需求,使他们的生意不断改进和发展。"
>
> "最后,他们从没有忘记,我们都是在一个服务行业中为客户工作,我们所有的职责就是确保让我们的客户对结果感到满意。这样做我们才能使我们的客户回到我们身边。"
>
> 很明显,蔡塞卡斯正在考虑先进的印刷公司如何使用这套理论。他被聘为公司的印刷顾问,就像他被聘为管理顾问。
>
> (经许可引自:www.whattheythink.com)
>
> [感谢编者莫利·乔斯(Molly Joss)(www.mollyjoss.biz)]

例如,一个客户提出产品是由一个公司生产,而印刷企业为它制作包装袋,然后将产品和包装袋运到第三家公司进行组装,并且在第四个地方配送。印刷企业认为它的公司可以完成组装和配送。通过对内部团队的考察,他了解到这些步骤可以利用印刷企业的内部设备完成。进一步说,印刷企业可以接受并完成订单,并且保持计算机记录。这就需要增加印刷企业的设备和计算机的能力,但是这些投资会给印刷企业带来持续竞争优势。经过一段时间的运作,印刷企业有了比制造企业更好的关于最终用户和产品使用的记录。当然,印刷企业必须获得客户的信任。印刷企业必须懂得这一点。

另一个例子,印刷企业可能指出这样一个问题,重复订购表格(彩色一边出血)对印刷来说不是一个经济尺寸。然而印刷企业了解到,这一尺寸是由客户的数据输入系统决定的。客户对这个项目进行调查,并了解到数据系统的规格是不能改变的。但是,为了减少出血,可以将重复订购表格进行重新设计。

印刷企业和客户的两个团队成为有创造力的问题解决团队。销售人员不再向买者兜售现成的产品。相反的，他或她成为一个如何把事情做得更好的顾问。人们不再只关注产品，而且还关注印刷企业提供的产品和服务，以及这些产品和服务如何帮助客户的业务运营。

通过这种对话，印刷企业获得了大量非正式的但又是非常重要的内部信息，并很快提供了独特的服务——从而建立了持续的竞争优势。其他的竞争者没有这样的大脑数据库，所以不容易侵入并抢走客户的生意。你的竞争对手要得到客户的信任需要从头开始，而且要让客户将艰苦的工作再重新做一遍。

印刷企业是在寻求长期合同（正式的或非正式的），而非仅仅寻找印刷订单。例如，印刷企业可以签订一份为期两年的合同，负责印刷、邮寄全部小册子，以及用来介绍和推销新出版图书的相关材料。印刷企业还可以为客户的网站提供相同的数字化信息。数据信息的时间期限比较短，尤其适用于规模较小的客户。

一个错误搭配的案例

D+H公司专门生产供银行客户使用的银行支票。供应商和银行签订了一份长期合同，允许公司把钱花在对最终使用者的研究和开发上。

D+H公司对银行客户进行调查，其重点是客户喜欢什么样的银行支票服务，以及不喜欢什么样的银行支票服务。过了不久，D+H公司能够了解到最终客户对银行的偏爱。银行从前对这些情况了解得很少。

遗憾的是，D+H公司的最高主管接触的是一家过了时的银行，"这是我的账目，别用手碰它"。管理者没有注意到买主和卖主基本上是相互矛盾的。

> 当突然把合同转给他的竞争对手的时候，D+H公司的主管很吃惊。第一反应就是责备客户，但是在冷静之后，找到了应该受责备的地方——责任在管理人员的肩上。他们更换了销售人员，但用了6年的时间才又赢回客户的信心而且拿回了账户。

然而不可避免的是，随着时代的变化传统模式一定会发生改变，印刷企业必须有所准备。发生的主要变化是改变习惯——印刷企业的一系列错误，一个新的买家想要显示他的勇气而大幅度削减预算，或者高层主管要求对订单的每一个方面都作出比较。如果你建立了一个良好的顾问关系，你至少有机会将你的情形报告主管，而不仅仅是报告采购代理人。

在营销阶梯第4级的竞争者——以及服务的客户——很少并且很容易识别。市场占有率变成不仅是可测量的，也是很重要的。在这个阶段，必须做到的事情是：印刷企业的团队领导人以及负责与客户联系的主要负责人，必须是诚实的、有创造性的人，是能和客户团队的领导人协作配合的人。双方在一起做生意非常愉快（但这不是鸡尾酒聚餐会），如果客户不喜欢印刷企业的代表，沟通将非常艰难，并且也就不可能提供有效的咨询服务了。

在攀登营销阶梯的过程中，喜欢孤军奋斗的人就从团队负责人中分离出来。生产能力强但喜欢孤军奋斗的销售员不适合参加顾问关系的工作。这种类型的人因为带来大的订单而获得声誉。他或她的销售技巧可以这样处理：每一个订单本身是一个整体，只在目前存在。顾问关系需要在买方和卖方及他们的组织之间培育真正的关系。

第15章
营销阶梯第5级
——价值链伙伴

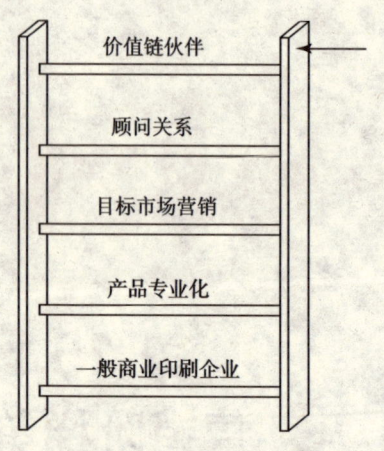

图 15–1　营销阶梯第 5 级

如果一家印刷企业已经成为客户价值链中不可缺少的一部分，它就达到了营销阶梯的第 5 级。这是一种独特的供应商与客户的关系，坦白地讲，绝大多数印刷企业不适合建立这种关系。一个给客户提供一般印刷产品的印刷企业成为那个客户价值链的一部分，这是很难想象的。即使印刷企业不能正常提供产品，客户仍旧会继续进行他们的制造、销售和发送业务。进一步说，客户会很容易从其他供应商那里得到这些产品。

另一方面，考虑一个印刷游戏棋盘的印刷企业。纸板印刷之后再上胶，压成薄板，与棋格纸和卡片组装在一起，然后包装和配送。在这种情况下，印刷企业的运输错误能拖累整个组装线。更进一步说，客户在这种紧急情况下不容易更换供应商。所以这个印刷企业可以有几种选择：

①停留在营销阶梯的第 2 级，实行简单的产品专业化（印刷游戏棋盘）；

②上升到第3级，目标市场是生产和销售游戏套件；

③上升到第4级，建立顾问式关系，在产品设计、计划和执行过程中，客户和印刷企业共同协商；

④达到第5级，成为客户价值链中必要的要素。

很显然，这样做的目的是要成为客户价值链中的关键成员。在价值链中，印刷企业成为客户销售和生产计划的一部分。达到第5级的印刷企业的主要兴趣是未来的需求规划，以及如何保证将印刷的产品准时交付给客户的计划。计划的内容包括以下两方面。

①安全措施——保证解决下述问题，这些问题是：印刷生产中的问题，纸张短缺问题，或者未预料到的对游戏产品的要求。

②库存措施——如果计划的需求与预期不符，确保客户不储存不必要的资源和避免造成浪费的风险。

应该进一步讨论的问题是计划实施的时间长短，以及计划实施的时间长短如何影响到客户的成本。应该对不同库存水平的成本/收益进行分析，从而得到更加满意的决定。准时配送制现在是许多制造企业最关心的事情，并且在印刷行业也开始得到应用，不仅用于印刷企业自己的库存管理，而且成为客户库存供应环节中的重要要素。

当印刷企业与开发新产品的客户成为共同承担风险的合作伙伴的时候，会出现这样的情况——分担风险、分享利润。然而，印刷企业应该认识到，这种风险和它所熟悉的业务的风险是不同的。回报必须足够大，足以抵消开展新业务的风险。例如，一个印刷企业在生产停歇期间工人无事可做，所以生产那些产品所增加的成本是非常低的。

> **多伦多日报印刷厂**
>
> 多伦多日报印刷厂位于多伦多正北方向的沃恩市,它有6台12机组式卷筒纸印刷机,每天消耗大量的卷筒纸。在这座现代化的工厂中,根据生产的需要,机器人将卷筒纸(每卷纸的重量是1吨)从仓库送到印刷车间。
>
> 虽然仓库很大,但是只保存大约一个星期的缓冲用纸。新闻纸供应商负责准时供货,保证仓库的纸张满足需要(保证不缺货)。克鲁格公司是一家大型造纸企业,租用了位于印刷厂附近的 BWW 仓库,以保证准时供货。BWW 存储了足够多的新闻纸,这个仓库是专门建造的,用装有护栏的卡车运送货物。这些都已考虑到印刷厂仓库用机器人管理,不需要人动手参与。
>
> 日报印刷厂的仓库库存量比较低,其原因是他们根据接受的订货单再开入库发票。这样做对克鲁格公司有好处,因为他们可以把生产计划安排在比较空闲的时间。在 BWW 的帮助下,克鲁格公司成为多伦多日报印刷厂价值链中可以信赖的和必要的要素。这会产生长期的合同。任何竞争者很难取代克鲁格公司的位置。

在营销阶梯第5级的其他例子有:为化妆品制造企业促销新的香水生产包装盒的印刷企业;为计算机制造企业生产印刷线路板的印刷企业;为出版商印刷图书或杂志的印刷企业;为用具制造企业生产使用手册的印刷企业;为农产品生产标签的印刷企业。

达到这一水平的印刷企业是主动地(在客户询问之前)改进他们的产品,并不主要是从印刷质量标准的观点,而是如何在客户制造、销售和促销中提供更好的服务。另外,印刷企业经常积累和处理专有的市场信息。客户接受这些信息,印刷企业成为这类市场数据的一个来源。例如,D+H 公司拥有关于每一家客户银行所有存款人完整的最新名录,以及关于这些银行客户的人口统计数据。D+H公司对统计数据进行编辑加工，提供给银行使用。

在现阶段，印刷企业几乎拥有牢固的、持续的竞争优势。价格成了成本/收益分析的事情，而且和客户的成本构成相匹配。如果印刷企业的价格太高，使制造的产品难以承受的话，客户很少到外面寻找竞争价格，而是客户和印刷企业共同合作，共同寻找改变印刷技术规范的方法，以便降低印刷产品的价格。在有效期为一年的合同中，客户可能寻找竞争建议，但是承担责任的供应商有明显的优势。对于客户来说，转换供应商是既不容易做到又让人不高兴的事情。

第 16 章

环境分析:发现"这里"的情况

就这一点来讲，本书一直在告诉你——你要到哪里去。如果你计划从"这里"到"那里"去，你就应该清楚地知道"这里"是在何处。

在商业术语中，"这里"并不像地理上所说的那么清晰。在商业话语里，"这里"的含义是指你的市场定位或形象，你所服务的市场以及他们的资源，你的市场份额，你所生产的产品，你的组织结构，你的员工的强项与弱项，你的财务状况，你的生产能力，你的销售收入，你的利润，你的竞争情况——事实上，"这里"涉及了全部的事情：任何能让你改变的事情；能阻止你改变的事情；或者为了使你能够更好地参与未来的竞争，而不得不改变的事情。许多企业的 CEO 不知道他们身在何处，这是并不奇怪的。为了找到他们的位置，必须进行有组织的研究。

发现"这里"被称为环境分析。在你自己的记录中有许多信息，虽然他们没有以最有效的方式组织起来。在你的主管领导、销售人员、行政人员、技术人员的大脑里有大量非正式信息。外界似乎也有无穷无尽的信息，并且正在以指数的速率增长（估计世界知识大约每 5 年就会翻一番）。

面对这么多的信息，研究人员需要进行快速检查，把好的信息与不好的信息区分开来。然后是进行三方面的质量检查，以便决定哪个信息文件可用，哪个信息文件应当抛弃。

①信息正确吗？信息的来源可靠吗？来源可靠的凭证是什么？是如何把这些信息收集在一起的？它和你从其他来源获得的信息一致吗？这些信息有意义吗？

民意测验专家用少量的、高度结构化的样品来测量社会经济群体的态度。他们武断地说结果是准确的，只有 5% 的误差。但他们却不能告诉你第 20 次的结果会是什么。使用你头脑中已有的信息有效吗?人们有怀疑口头表述的倾向,然而对于写出来的东西却给予过度信任。随着万维网的出现,不正确信息的进入正以飞快的速度增加。错误的研究发现作为基础正奇怪地、无效地甚至可能是危险地进入将来。

②信息相关吗?政府部门花费大量的努力去搜集、处理和发布关于行业、地区和产品等的数据。不幸的是,这种加工处理需要时间。如果你参考两三年前政府的统计数据,这些信息和今天还相关吗?事情的变化如此之剧烈、如此之快又如此分散,所以用过去的数据去预测将来,可能会完全误入歧途。(彼得·德鲁克在他的著作《突变的年代》(The Age of Discontinuity)中解释说,从过去通向未来的道路常常是不连贯的。)

③信息有用吗?对于切达干酪和松软干酪,67%的北美人偏爱切达干酪,这一事实可能是非常有趣的,但它对印刷企业几乎无用——除非你为其中的某一种干酪印制包装盒。你可能轻易地被有趣的信息吸引而转移目标,甚至立刻延伸到你自己特定情况的话题上。

通过这三点测试,可以排除很多无用的信息,并帮助你把力量集中用在处理有效、相关和有用的信息上。

另一个忠告是:这里有两种研究方法,第一种方法是开放式的,把可能收集到的全部信息收集起来,然后坐下来分析这些信息得出结论;第二种方法是先提出一个结论,然后寻找证据支持你的观点。第一种方法更科学,并且能得出更准确的结论。但我们是人,不是计算机;即使我们有一个开放的思想,我们的第一个发现将会影响我们的观点,结果在不知不觉中进入了第二种方法。这就是组织经常聘请外部专业人士进行可行性研究的原因。甚至在这种情况下,还是会发生偏差(例如受到诱惑——给客户提供他们希望得到的结果)。明智的分析人员研究目前的数据,识别——如果可能的话——并消除偏差。

要进行环境分析,就从你公司内部的信息开始。你应该有关于公司经营状况的准确的、历史的和现在的数据——销售、利润、销售回报、单个订单和成本记录等。(今后还应该积累和记录竞争对手的信息。)挖掘你的历史数据,以便确定你所生产的多种产品和你所服务的市场的运营情况。

虽然公司在管理技巧、技术特长以及财务状况等方面的一些情况缺乏记录,但是你应该知道自己在这些方面的优势和弱势。你应该对公司内部的全部相关信息进行寻找、组织和编辑,这样你就可以全面了解公司及其运营状况。这些信息经过长时间的积累,就可以确定"这里"的情况。

你还应该收集企业外部的三类信息:

①关于国家在世界范围内的宏观信息,印刷行业在国家或世界的走势;

②你所服务的市场的信息;

③市场如何看你的信息。

宏观经济

媒体上有大量关于过去和现在的经济情况的信息——甚至还有一些关于未来的相互矛盾的预测信息。D+H公司曾经聘请财务顾问召开计划会议,并废弃掉基于公司掌握的宏观经济环境而制订的计划。遗憾的是,这确实非常有趣但毫无用处。公司似乎是在多样化的微观环境下运行,并且很大程度上受到宏观环境短期变化的影响。(当然,如果整个国家经历一年或几年的衰退,D+H公司同样难逃厄运。)

一般图片印刷具有更高的附加值;当考察图文信息行业正在发生什么时,就更能揭示这一点。D+H公司提出这样的问题:外界发生什么会影响我们的业务?用这类问题,你可能会探明对印刷业将会消亡的预测研究;互联网的高速发展;新的彩色按需印刷机不需要高技术操作人员,并且价格每年都在下降;个人电脑的销量超过了电视机——这些只是在将来会影响我们业务的一些发展中的例子。

关于近期财务方面的状况,请你的最大的客户为他们的将来画一幅图画将会更有价值。你最好的客户朝哪儿走,你也要朝哪儿走。这也是获得你所服务的市场信息的一个好机会。但是,你的客户会让你进入他的计划之列吗?在D+H公司的例子里,大部分客户对D+H公司专业化的管理方式印象深刻,他们愿意与别人分享他们的观点和目标。

表16-1显示的是从内部和外部研究中收集和整理信息构成的表格。这个例子是一个简单摘要,并且可能在你第一年的营销计划中进一步发展。在接下来的年份里,随着信息的积累,环境分析的表格可能长达几页。在特殊情况下,为了更直接更明显地暴露出机会和问题,还要对强项和弱项进行更充分而全面的分析。

接下来按表16-1中的顺序号逐项进行分析。QUI PS公司是一个一般印刷企业,正处在市场营销阶梯的第2级和第3级(产品专业化和目标市场营销)。公司内部的研究显示,公司在用具行业广告材料的印制销售方面有足够大的利润和销量。根据头脑中的这一目标,QUI PS公司收集了如下的信息。

表 16-1　情况分析

QUI PS公司——用具行业的广告材料			日期　00/00/00		
制表人：莱曼·亨德林			检查人：优·里德		

	-2	-1	当年	+1	+2
1. 年份					
2. 公司总销售额	7.122	7.490	7.624		
3. 在本市场的销售收入	2.374	2.497	2.541		
在本市场的利润（BT）	193	144	179		
销售收益率/%	8	6	7		
4. 营运资金	320	346	351		
营运资金周转次数	22	22	22		
5. 总投资	3302	3745	3821		
资本收益率/%	9	10	9		
6. 设备投资	444	477	502		
设备与销售额的比率[①]/%	16	16	15		
7. 生产能力利用率/%	75	70	70		
8. 市场规模	5000	5500	6500		
市场份额/%	47	45	39		
市场增长率/%		10	18		
9. 销售额前五名客户					
A. 福克斯用具公司	1186	1218	1264		
B. 霍华德-约翰公司	561	681	654		
C. 利特尔大人物公司	480	462	458		
D. 厨房-4-U公司	147	136	165		
E.					
10. 潜在客户前五名					
A. 苹果馅饼公司	?	?	2000		
B. 卡尔穆查斯公司	?	?	1000		
C. 波茨-斯塔弗公司	?	?	600		
D. 峭壁公司	?	?	200		
E. 山谷视野公司	?	?	150		

续表

11. **我们的市场定位**：可靠但过度保守、有道德和较好的公众形象，创新能力较差，价格中等，市场形象没有特色

12. **我们的优势（强项）**：中层管理人员年轻而又优秀，对用具行业有一定程度的了解，有相当雄厚的财力，营销员萨夏的能力特别优秀，有各类型的现代设备，与外部供应商保持良好关系

我们的劣势（弱项）：是一般印刷企业，产品种类繁多，主要市场的占有率下降，总裁年龄太老，观点守旧，不正当解雇员工的问题悬而未决

13. **竞争情况**：通用通信公司占领了用具行业的很大份额——虽然他们仍然销售印刷产品，但是他们有很强的生存能力，是一家敢闯敢干又有创造力的公司；其他竞争者都是一般印刷企业，无法留住客户

14. **主要的问题（威胁）**：在攀登营销阶梯的过程中，缺乏连续的专业技术支持，没有攻破最大的老主顾（苹果馅饼公司）。通用通信公司正在制定新的策略，把我们的客户引入这个市场

主要的机会：在用具行业扩大市场，只有一个的主要的竞争者，设备非常适合市场的需要

注：①对于整个营销市场来讲，其他的数据是针对特定的用途。
本案例历史数据纯属虚构，对其数据不要评价是好是坏。

①QUI PS 公司收集整理了过去三年的数据，用来找出发展趋势，并为未来两年的计划留下了空间。

②QUI PS 公司记录了整个公司的销售收入，因为有些信息不能分解进生产线。

③为了适应产品专业化的需要，QUI PS 公司按产品建立成本账册，记录了销售收入和利润，并计算出销售回报率［销售回报率＝（利润÷销售收入）×100%］。

④运营资金等于流动资产减去流动负债（来源于财务年度报表），所以它和整个企业的经营业务相关。计划增加销售量就需

要按同样的比例增加运营资金——在本案例中,大约是销售额的20%。(销售额每增加1000美元,运营资金就需要额外增加200美元。)

⑤知道你的资本收益是否能超过由于投资印刷行业而带来的风险是非常重要的。10%(税前)的收益率不是很高。你可能需要按整个企业的经营业务进行计算。分别计算生产、销售和行政管理所需要的投资,这可能是非常困难的或者是不可能的。

⑥知道设备总投资与总销售额之间的关系,对制订未来增长计划有帮助。新的销售可能需要同比率的新设备。但是,如果在淡季能够成倍增加销售(并不是非常可能)闲置的产能是首先要考虑的资源。这些数据也是按整个企业计算的。

⑦设备利用率的数据是可以得到的,或者你可以作一个精确的估算。

⑧通过和客户或者潜在客户的高管人士进行讨论,可以获得市场数据。你们公司的总裁和客户公司的总裁的会面交谈对双方都有益处:你从最好的资源处获得信息,并且你提升了你在客户眼中的形象。

⑨从公司的记录中可以得到最重要客户的销售记录。记录中包含的利润数据也是有价值的。一些客户比其他客户能带来更多的利润。

⑩通过和潜在客户的高层经理交谈,可以得到这些信息。潜在客户可能不愿意告诉你他们想购买什么。询问他们的雇员数量,然后使用相同的销售比率,就可以估计数据。

⑪你的市场定位是市场调查的结果——询问客户和潜在客户,了解他们是如何看待你的公司的。最好是客观的有目标的交谈,而不只听一个公司员工的意见。

⑫经过内部审核后（可能是非正式的）列出你的强项和弱项。你从一般人员那里获得的信息，肯定比从高管人员那里获得的更多。高管人员有时有象牙塔综合征——他们脱离现实，他们只相信他们自己的观点是真实的。

⑬当你获得并记录了竞争对手的信息，这一领域的问题就解决了。

⑭重新检查以上所有信息，会让你看清楚你的主要机会和面临的问题。你应该把力量集中在主要方面。如果你在每个方面的重点超过3个，你可能会由于资源太分散而一事无成。

第 17 章

你的目标是什么？

如果你想要从你的出发点移动到你的目的地，有两点信息绝对必要：你现在在哪里和你要去哪里。你可以拿一张地图，制定出如何从"这里"去"那里"的计划。

在制定商业规划时，你要对你所处的环境进行环境分析（参见第16章）。在乡村田园别墅度周末时，与你的高管伙伴们讨论你们要去的目的地。事实上，可以把过去的信息和将来的梦想结合起来，一起融进任务书里，并用文字记录下来，与你的员工分享，以此培养团队精神；与客户分享，以确保你的计划为他们的需要服务。

任务书是什么？它包含什么内容？回答这些关于你的经营业务的问题并不容易。"你是做什么生意的"和"你为什么做这种生意"是需要提出的最基本的问题，也是你需要学会回答的一些问题。

你认为自己在印刷行业；但是如你所知，人们并不购买印刷。他们不购买彩色宣传手册，他们购买的是帮助新房屋销售的某种东西；他们不购买商业名片，他们购买的是一种介绍企业形象和建立企业形象的方法；他们不购买表格，他们购买的是在商业活动中能够记录数据的东西；他们不购买名称地址目录，他们购买的是数据源。毫不奇怪，印刷企业发现那样很难赚到钱——我们出卖印刷品，而几乎没有人想要购买印刷品。我们强迫他们购买印刷品（他们把印刷品转换成他们自己的用途），因为那就是我们所卖的东西。

航空公司认识到客户并不真的想在搭乘飞机时购买机票；他们想的是方便、廉价地到达目的地和旅行。如果你想要订购一次去达拉斯的旅行，一个代表听取了你的要求，并用如下方式结束了谈话："最后，亨德森先生，你喜欢什么样的牛排——半生不熟的、生熟适中的,还是完全做好的?"

在攀登营销阶梯第1级的过程中,请你自己提问并回答上面提到的那类基本问题。在D+H公司全体高管人员(销售经理、部门经理、主管人员、车间主任、业务骨干)参加的乡村别墅周末计划会议上,提出的第一个问题是:"我们从事的是什么业务?"我们天真地回答说:"印刷。"然而,当我们进行更深入的探究后,我们得出的结论是:我们实际上是从事图文信息产业。

几个字的改变改变了什么呢?首先,它让我们以更加开阔的视野从更宽的范围看待我们的竞争者,而不仅仅是靠近印刷的产业——例如广播和电视,杂志和报纸,电话和互联网。其次,它拓宽了我们对所服务市场的视野。

下面是任务书的样本,可以给你一个参考,在计划制定过程中可以这样开始。

1. QUI PS公司任务书

QUI PS公司想要成为客户当中首选的印刷企业。我们将目标集中在2~3个市场,在用具行业立即开始,并持续不懈地努力。我们将利用我们目前在市场可靠、正直、社区贡献以及客户服务等方面的声誉,创造出比这个城市里为这个市场提供服务的其他印刷企业更加独特、更加优质的产品和服务。为达到此目的,我们必须增加对我们所服务的行业的了解,并根据市场的需要提供更多的服务项目。

我们要通过培训和选拔,全面提高QUI PS公司团队的素质。我们相信,只有最好的团队才能获胜,我们将始终坚持团队建设。

我们期待在建立"QUI PS公司新形象"的早期能够进行投资,从而成为按PI A(保护赔偿协会)比率核算的"利润领先"

的印刷企业，以确保我们投入的时间和资金能获得适当的回报。

QUI PS公司位于大都市，拥有令人羡慕的声誉。公司已经进入了平稳增长时期，但是利润水平一般。公司的执行层决定开始攀登营销阶梯。

注意前面已经提到的公司的目标，是成为客户心目中的行业领先者。公司想要继续保持自己的良好声誉。然而，公司开始认识到，企图为所有人提供他们所需要的产品和服务，势必导致公司资源的过度分散。从发展的观点来看，公司开始集中在专业化市场（只是一个确定的市场）。为了给客户提供更好的服务，公司将致力于创建"优秀团队"，并努力争取成为具有良好回报的印刷企业。尽管公司目前的状况并不是特别专业化，它实际上处于中间地带。虽然公司的目标还没有明确地确定，但是公司要前进的方向已经明确。

QUI PS公司首先计划将目标集中在为用具行业供应广告材料。根据任务书的要求，QUI PS公司撰写了产品/服务/市场任务书——这就是公司想进入的专业领域的目标清晰的路线图。

2. QUI PS公司的目标：为用具行业提供广告材料

用具行业的四家主要客户，已经接受QUI PS公司成为印刷广告材料的首选供应商。这些客户赞赏我们拥有用具行业的知识，对我们提供独特的产品和服务的决定也给予赞扬。然而，我们并不满足于四个主要客户的业务，我们估计只占有整个大都市40%的市场份额（从两年前的45%下降到目前水平）。这里还有很大的增长空间，QUI PS公司需要改善经营状态。

QUI PS公司打算成为市场领袖，在3年之内至少取得75%的市场占有率。为达到这一目标，我们准备为这个市场开发独特而优质的产品和服务。我们要进行专门的研究，以便发现客户需要什么和想要什么。我们将投入最有智慧的员工为客户进行创造性的设计,以 QUI PS 公司的独特方式满足这些需求。对业务代表进行用具行业专业知识培训,制定并颁布详细的进度计划,牢牢抓住四个主要客户的全部印刷广告材料业务,并成为至少四个或更多客户的重要的供应商。开拓新业务不是通过价格战,而是通过独特的优质的产品和服务。

我们高举的招牌:(我们是)"销售用具的印刷企业"。

虽然我们在家居市场战胜竞争对手取得成功,我们还应该密切关注普通通信公司。在适当的时机进行买断或合并。然而,不论建立何种联合公司,QUI PS 公司都拥有绝对控股权。

一旦我们在大都市实现了目标,我们将向更远的市场投资。

注意这一点,新的目标仍然在公司最初任务书的范围之内。如果在这一特殊市场的投资证明非常成功,QUI PS 可能会在将来修改最初的任务书,将目标锁定在更专业的范围内。

一个任务书应该包括目标、战略、价值观和行为。西北大学的克拉克(Clarke Caywood)教授给出的建议是:不要闭门造车!它不是你车间内部要发生什么——它是外面的世界将要发生什么。

第 18 章

营销组织

即使你计划逐步地开始进行营销（那可能是一个好的决定），你需要考虑以更加新的、更具灵活性的组织结构重新组织你的公司。

经理主管人员

正如很多经理主管人员一样，你可能在办公室里花费大量时间。但是，如果你分析一下你在那里都做些什么，你将会发现你在大部分时间里都从事着相同的工作——阅读报告，签发支票，查看信件或解决小问题（例如中间休息喝咖啡时间安排在什么时候）。

彼得·德鲁克告诉我们，高效经理主管人员必须学会先做最重要、最紧急的事情，不要做次要的事情。在新市场营销领域里，"最重要的事情"是市场；然而你所做的大量的事情却是"次要的事情"。如果你想以市场营销为导向，你就需要把大量的时间花费在市场上。实际情况不在办公桌上，不在车间里，也不在周末的休闲聚会上；实际情况在市场一线，每一件事情都发生在那里。

办公室综合征是一个非常难打破的陋习，并且非常容易恢复老样子。但是为了让市场营销更有效率，经理主管人员必须和客户以及潜在的客户交往：参加他们的交易展览会，访问他们的客户和他们客户的客户。这是印刷企业进入市场，发现隐藏的机会和威胁，超越竞争对手并成为更优秀印刷企业的唯一途径。

如果印刷经理主管人员花费时间与他们客户的经理主管人员互相交流，那些客户将会感觉印刷企业是一个合作伙伴而非一个遥远的供应者。销售人员很难接触到客户的总裁,通常也不允许销售人员在客户面前作出应该由经理主管人员作出的决定。然而,总裁可以和总裁沟通,副总裁可以和副总裁沟通,生产经理可以和生产经理沟通等——这是对等交流沟通原则。

但是即使在市场里,经理主管人员必须首先做最重要、最紧急的事情。经理主管人员应该构建他或她的市场营销方法。哪些客户和潜在客户是选定的目标市场上的领导者?这些客户对你们公司的成功运营做出了重要贡献,应该把重点集中在他们身上。请求现在的客户帮忙,把公司推荐或介绍给其他行业的经理主管人员。

建立网络系统并实现运行,是公司的发展计划。制定年度计划日程表,确保在一年之内能与你选定的商业伙伴领导人联系4~6次。想好如何与他们展开交流。建立一个客户信息档案文件夹,并实时更新,利用它来拟定你的下一个策略。很快你就能用客户的语言而不是印刷行话与他们交谈。最后,你的客户会对你作出正确的评价,并把你视为商业上的伙伴。

高层经理人员们必须确保公司要与所服务的市场与时俱进同步发展:现在发生的什么事情会影响到客户的业务?可以利用当地印刷协会的会员关系,订阅一些市场贸易杂志,或参加市场会谈,来获得所需要的信息。高层管理人员可能无法亲自完成上面所讲的全部工作,但是他们可以保证已经做了这些工作。

在了解了市场的走向和如何操作的知识后,你已经可以带领你的公司踏入一个新的营销时代。

销售部门

如果你把自己归类为一个普通的印刷企业,那么你就要根据销售人员的销售业绩支付工资。支付的方式可能是底薪加佣金或单单支付佣金。这种支付报酬的方式有助于吸引到具有创业精神的承包人——依靠个人能力孤身奋斗并敢于承担风险的人。

下面是这种销售人员共同的守旧观点:

- 大大促进销量;
- 过分追求产量;
- 就像玩输/赢的游戏(输家有可能是公司一方);
- "拥有"利润并妒嫉其他所有同行;
- 接受但不相信客户服务观念;
- 长时间工作但花费甚少。

只有你能够决定在你的销售部门里是否有这样的人。

如果你采用营销学观念,孤身奋斗的态度就要改变。你必须具备销售团队、客户服务代表和生产管理人员。经过一段时间,客户就会发现他或她可以从你们公司的几个人中的任何一个人那里,得到所需要的答案;或者能给他们提出意见。

在这些具有创业精神的客户代表中,有些人能够改变并接受这种新观念,但有些人不会。所以你就要考虑是否要建立两个公司——一个公司采用传统的一般印刷企业管理模式,给销售人员发佣金;另一个公司以市场为导向,建立有凝聚力的销售团队。这样的选择持续不了多长时间,尤其是当两个公司采用同样的设备的时候,情况更是如此。最终你会选择一个你喜欢的、最有赢利能力的公司保留下来。市场会让你进入两难境地，容易返回到旧的传统的运营方式和公司制度。

为了适应新的市场营销运作规则（穿"市场新鞋"走路），应该选择什么样的销售人员呢？高级管理型人才——领导型、团队建立者、有理性有情感的人——往往是最佳选择。最令客户反感的事情是，在他们提出问题时只是回答说"我稍后给你答复"。这种回答使销售人员仅仅成了命令的接听者，而明智的消费者是不会把时间花费在命令接听者身上的。理想的办法是开发培养有决策能力的销售人员，使其成为能管理会管理的高级经理型人才。

应该选择你认为有判断能力的人，除此之外，这些新型销售人员还应该接受持续的执行能力方面的培训。你可能已经察觉到，对于印刷销售人员的培训简直少得可怜。我们期待他们在工作的过程中学习，但是销售人员总是在孤军奋战。你需要给销售人员规定一套新制度，还要有评定他们业绩的方法。营销是围绕着客户进行的，如果你的销售人员不能使你的客户满意，你一定要立即知道——在客户试图更换供应商之前知道。

如果高层管理人员需要时间走入市场的话，那么销售人员也应该如此。制定一套管理制度，保证能在最短的时间内把有关指示传递给工厂的客户，并把文书工作减到最少。把最初的销售时间看得黄金般宝贵并且不可侵犯。要帮助销售人员制定工作计划，以便把花费在路途上的时间减到最少。利用现代通信技术，可以不需要为商量细节问题而进行面对面的交流；只有在进行重要的谈判和必要的社会交流的时候，才进行面对面的接触。

生产管理

印刷行业另一种共同的守旧观点是，生产人员常常把销售人员看做是拿着高工资的贵妇人。生产人员认为，只要客户不把事情弄得乱七八糟，他们就能制定出计划并组织起来进行高效生产。客户的要求经常改变，甚至工件正在印刷时还要求作出改变，而在交货时又对最终完成的产品不满意。

对车间基层员工进行培训，让他们认识到他们所扮演的角色是比印刷工作更重要的项目合作伙伴，是非常不容易的。检查一下你的工作大纲，你就能知道这是个多么新的观念。工作大纲告诉生产人员印件是什么，怎样做好准备以及怎样完成印刷，却一点儿没提设计工件是为了干什么。印刷工人和装订工人也是人，让他们成为新的激励方案中的一员，会使他们受到激励。仅仅是做一份每天都一样的印刷工作，很难得到激励。重新修改工作大纲，对重要的印件作出简要说明，并不是一件难事。

应该把生产工人介绍给客户——因为客户是给他们支付酬劳的人；还应该把客户介绍给生产工人——因为生产工人是提交产品并为按时交货承担责任的人。这两个群体有共同的利益，但是很多印刷商却把生产工人与客户分隔开。

产品配送

工厂负责人认为，当装订工人包装完最后一包货物，并把它放到运货车上之后，他们的工作就算完成了。实际上把货物交给客户常常是空白地带。

一位管理顾问最近为一个印刷客户进行了一项市场调查。他主要的工作是进行市场形象调查：客户对产品质量满意吗？产品有新的创意吗？销售人员和客户服务人员对市场变化的反应灵敏吗？顾问发现，公司的运货司机是一个非常重要的因素，他总是穿着整齐且彬彬有礼；他有个备忘录记着客户的生日，并在客户生日的时候送去玫瑰花或寄去生日贺卡。

如果你像其他大多数印刷企业一样，你的司机肯定也只是公司中最新的、薪水最低的员工之一。然而在送货时司机是公司的代表，所以他们也应该是营销团队中的成员。这样的司机应该知道货物送达的地址，哪些货物是可以打开的，甚至知道哪些包裹需要重新装船运到其他地方去，并向印刷公司提供船运服务（办公室通常都不提供纸盒和船运用品）。

接待

操控复杂的电子语音邮件系统会影响电话员的工作。应用电子语音邮件系统后不再需要接线员，可以节省资金支出，所以经理们非常高兴。有些经理甚至认为电子语音邮件系统会给客户带来便利，认为客户无须经过话务员或秘书就可以直接与他们所要找的人通话。

自从电子语音邮件系统发明以来，它就是阻碍市场营销发展的主要设备之一。当一个接线员接起电话之时他或她就向别人展示了公司的第一个印象。"为了提供更好的服务而设计"的非人性化的电子语音邮件系统，只能产生没有人情味的感觉（"在

XYZ印刷公司里，与你打交道的是机器而不是人"）。而多重选择的问题更是加强了这种冷淡的印象——与你最初想要服务客户的目的是背道而驰的。

在营销阶梯的高级层次上，要求诚信和面对面的交流。为了建立友好气氛，智能电话问讯系统可以创造奇迹——尤其是当接线员识别出了客户的声音并记得他们的姓名地址时，效果更好。

电子语音邮件系统可以给熟悉这套系统并想直接达到目的的客户提供服务。试想一下，你的一些定期的号码按照固定线路进入接线员那里。为那些有急事打进来的客户提供另一个语音邮件系统号码。

如果你雇用接待员的话，就应该像对待重要的销售人员一样，对他们进行雇用和培训。接待室不是思路混乱的人待的地方。让一个思路混乱的人当接待员，给人的第一个印象就是这个公司也思路混乱（有一次我从汽车上给接待员打电话，询问到达公司的线路方向，她告诉我说，她也不知道北在何方）。招聘接待员时要谨慎挑选，并经常对他们进行培训。选拔、培训接待员的额外支出，得到的回报是改善了客户关系。

行政管理

市场营销还包括与客户相关的其他办公职能——开具账单和后续收到的账单。账单要准确、及时、易懂。应当学会接收账单，并练习礼貌追账艺术。

我们担心如果追债追得太急，会引起客户的反感。然而经验证明，只要客户懂得下了订单就要付款的规则，好的客户就不会因为受到提醒而烦恼。而那些假装被激怒的客户，要么会用你的钱经营自己的业务，要么就是把你的产品看成是礼物。

研究与发展

大多数印刷公司没有研发部门，但是研发部门对于营销来说是不可缺少的。如果你想要从事一份专业化的工作，你首先要建立一家专业的公司。一句告诫的话：如果你从外面聘请顾问，双方一定要清楚要做的工作是什么，需要多长时间完成，以及所需的经费是多少。

企业重组看起来简单并且在理论上符合逻辑，但是由于员工有抵制变革的倾向，所以实施起来却非常难。此外，如果你没有危机感，就无法使员工认识到改革的必要性。所以，把你的重组理念变成一个五年计划，使公司转变成市场营销型企业。每次只做一点儿，在取得一些小小的成功后，改革之风便传播开来。

第 19 章

为新千年作准备

预言印刷界的未来是件危险的事情，因为总会有人把你的谈话记录下来。然而，肯定会有一些新的发展影响到现在的印刷业，但是现在还没有感觉到它的全部潜力和影响。对已经出现的事情再预测它的发生更保险些。

数字通信

数字化和信息的传播，对印刷行业的发展产生了极其重大的影响。在企业内部，它影响着所有印刷材料的获取、处理、文件档案管理和运输管理——印刷材料种类繁多，从极其复杂的多色大开本图书（像咖啡桌那么大）到最简单的黑白表格。在短短几年内，胶片就会和平版印刷用的石台一样，成为罕见的稀奇事物了。淘汰下来的胶片会被放进塞满废物的抽屉，塞进存放印刷品和拷贝的信封，或者被放进印版储藏室。

在采用打印校样和胶片的年代，印刷商牢牢掌握着对于艺术品、胶片和印版的所有权，这样就可以得到重印订单。有一条贸易惯例是专门记录这个行为的，尽管它的作用甚微还不足以成为法律的一部分而起限制作用。可现在的印刷商却可以使用不同订单的数字材料——有些甚至来自于不同客户的电子文件——创建成一部新的作品，而随之而来的所有权和版权问题也就变得至关重要。争论的焦点是，印刷商电脑里的电子文件到底是属于客户的还是属于印刷商的。但是可以肯定的是，客户仍然拥有重复使用他们自己文件的权利（印刷商可以从客户手上购买重复使用权用于其他项目）。

打印电子文件在很大程度上侵犯了他人的产品——直接邮

件、专业性的或地区性的杂志和报纸,甚至包括直接寄给每个客户的邮件。这种做法纵容了获取他人的个人信息(如性别、年龄、住址、收入水平、个人喜好、价格倾向以及偏爱的服务等),侵犯了个人的隐私。但是,已经有证据证明,有个别人愿意"出卖"个人信息来换取好处(如换取一次抽奖的机会、得到一个免费小礼物甚至是选择电子垃圾邮件的权利,这些都取决于他们的兴趣)。

在购买的时候,可以把这些详细信息记录下来;把这些交易数据积累起来,就可以建成客户的购买档案(如苏珊娜·夏普:喜好——最新式的高级女士时装/尺寸 8 号/蓝色/价格不限)。有远见的印刷商会把握好这次机会并建立销售数据库。那些已经有了邮寄名单数据库的印刷商就有了优势,可以随时把其他客户的信息加进去。这就是下个阶段的营销手段——发掘每个客户的需求并加以满足。传统的印刷商不把这些事情看成是"印刷",因此失去很多赢利的机会。

警告:消费者遭受扑面而来的广告轰炸和电话营销的侵扰,使得政府不得不加强保护个人隐私的法律。有些地区的"勿来电话"立法,禁止电话营销员打电话簿上的号码。有些法律明文规定,客户的信息除了用于收集汇编之外,禁止用于其他目的。所以由印刷职员转变来的市场营销职员,应该研究保密法,并在经营中加以应用。

互联网

网站是一个切实可行的替代方案,用于个人直寄邮件和其他个人打印材料，在特殊情况下，可以作为一种零售方法。由于它是作为公用工具出现的，所以互联网开始传播开来（有人甚至利用互联网犯罪）。不管你是否喜欢互联网，是否了解互联网，是否使用互联网，互联网势必将在未来的通信中起主导作用。

在互联网上，通过客户网站的相互交流，资源的个人化已逐步完成。利用精心设计的网页，客户能够得到他们感兴趣的消息。对于任何一个浏览器来说，这简直是冰山一角——材料的90%都被掩埋在表面之下不为人知。但是欲望强烈的浏览者可以探求到他们想了解的东西。直达邮件要靠回复的邮件（或电话或传真）来建立订单或者网上邮件支付。客户与卖家通过网络交流，电子商务能完成同样的事情。

推动式营销与引导式营销

广告营销有两种方法："推动式"营销和"引导式"营销。直达邮件是推动式营销——把邮件发给没有提出要求的客户。电子邮件，顾名思义，就是"普通邮件"概念向数字化的演变，仍然是推动式营销。而另一方面，引导式营销是把广告发给"请求"得到广告的人。网站就是属于引导式营销。

当你把任何事物分成两部分时，大多数事物处于两个极端之间。产品目录、报纸和杂志都是被推给读者的，读者要求从这些媒体中得到他们需要的内容。直达邮件被推给接受者，他们就不得不打开并阅读邮件。网站吸引人，但是即使是设计最完美的网站也不能保证吸引所有读者，除非他们知道这个网站，并有兴趣把它们找出来（在这个领域，印刷商已找到印刷资源的新用途）。电视台和广播电台是推动式营销，但是观众和听众还是要打开电视机或收音机，通过选台和调整来收看或收听自己喜欢的节目。

有远见的印刷商会把这种媒体看成既是威胁又是机会。对于坚持进步的印刷商来说,认清网站的优势和不足——特别适合干什么(有事半功倍的效果),和不适合干什么(导致失败或效果极差)——是"必须"掌握的技能。

在互联网上有不计其数的网站,每个网站都力争得到用户的注意。所以设计和安置网站就是极为重要的技能。广告代理机构能提供这方面的服务,有些印刷商的创意设计部门也能提供这些服务。网站设计需要接受专业培训。虽然有些人认为他们能设计自己的网页,但是这种自我动手创建的网页,始终无法与专业人员设计的网页相抗衡。

当新创建的网页公布以后,竞争并没有结束。一定要开发出(或在必要时购买)与其他网站的链接,并确定在搜索引擎目录上的位置。网站必须不断地更新与维护(实时更新的网站会得到高回访率)。有些专业化的网站充当"主网站",并提供印刷商希望提供的其他服务。

电子商务

下面简单列举了电子商务的优点和缺点。

1. 电子商务的优点

①网站可以把声音和图像结合起来,还包括运动图像。高清晰度电视甚至比高品质的彩色印刷品更有活力。

②网站可以立刻就完成更新(如更新价格)。为了鼓励回访,可以进行刷新。

③网站允许买卖双方进行快速双向交流,可以在极短的时间

内接到订单。

④通过超文本链接，鼓励潜在客户查看其他供应商的类似产品和服务——反之亦然。

⑤网络可以缩短距离。把订单发到澳大利亚就像发到隔壁一样（尽管运输产品的时间要长些）。

⑥可以立即找回储存的数据（如以前的订单）。

⑦网站可以自动建立客户资料库（如下订单的时间和订单名称，企业经营状况等）。关心保护客户的秘密并支持立法具有重要意义。

⑧邮费正逐年上涨，但是电子费用却在下降；邮政服务日益衰退，而电子服务正加速发展。

2．电子商务的缺点

①网站是引导式营销，具有引导式营销的全部缺点。

②网络不适合阅读大量的拷贝文件。尽管信息可以被"分层"存放，每次只看教科书页面那么大的一部分，但还是太麻烦。

③虽然客户可以随时回访网站，但是网上资料的保存时间不如印刷文件长久。

④与网络有关的计算机的增长非常明显，但还是有很多销售对象不知从何下手。尤其是那些年长的人，他们对网络缺乏了解。推动式广告销售可以发掘这些潜在客户。

⑤竞争对手可以查看你的网站，并能得到你的邮件内容，但只是麻烦些。

仔细考虑以上所列电子商务的优点和缺点，下面的印刷产品可能会受到现在的或未来的数字化产品、电脑和互联网的挑战。

• 打印出来的广告；

- 年度报告;
- 棋盘游戏;
- 商业表格;
- 支票;
- 姓名地址通信簿;
- 贺卡;
- 信纸和信封;
- 地图和图表;
- 邮票;
- 价目表;
- 股票证券;
- 电影票、演出票和旅行票。

如果上面的表里没有列出你珍爱的产品,也不要太掉以轻心。互联网对于通信的影响要远比印刷机的发明大得多。

电子通信的重大成就之一,是把整个世界带进你家的后院。这是一场革命——而我们现在所做的只是个开始。互联网能为世界各地之间的原稿和声音传输提供即时、廉价、准确、高质量的通信服务。这就意味着一位加拿大的买家,可以从澳大利亚购买已经过数字化处理的艺术品,再经过互联网发送回加拿大。他可以购买到在斯堪的纳维亚制作并经过电脑处理的拷贝副本;在瑞士完成的彩色数字照片;在加拿大进行电脑拼版;在美国进行印刷、印后加工和配送。利用互联网技术,可以提供没有距离也没有国界的服务。

直到把油墨印刷到纸上之后,才有了实物产品。除此之外,其他都是用比特和字节表示,非常容易传输,并以光波的速度传播。如果传送量过大,就在选定的配送区域内制成实物产品;而其余的电子邮件来自质量高、服务新、价格满意的客户。客户就像交响音乐会上的指挥一样，可以指挥管弦乐队的成员根据预先安排的乐谱，在特定的时间演奏乐器。

印刷商们一定要懂得把信息——而不是设备——看做是他们最重要的财产。如果你从欧洲获得印前产品，就像在自己的车间里生产那么容易；如果你为了聘请一位最具天赋的印前操作员而找遍全世界；你为什么还要投资购买那些过时的（由于技术不断进步造成的）、找不到高技能的技工操纵的（因为你还不够强大，吸引不到最高级的技工）、又得不到充分利用（因为产量不够大）的设备呢？

作为一个印刷商，在新千年里有几条不同的道路供你选择。

①你可以拒绝采用像指挥管弦乐团演奏那样的管理方式，而仍然采用过去的管理方式。这只是短期的解决方法。用不了几年时间，就没有几个印刷商按你的音乐跳舞了。

②你可能在乐团里成为一个出色的演奏者弹奏乐器。在这个大集体中，你甚至会晋升成为一个独奏家，成为全世界需要的人。

③你可能成为一个艺术大师并指挥你自己的乐队。这是高水准的专业人才，很少有人能达到这个级别。但是指挥家有很多满意的工作，受到社会的称赞，有大笔的津贴和很高的工资。

21世纪成功的印刷商迎接挑战，让自己的公司不断地自我完善并经常进行自我重新塑造。这样的印刷商关注的是做正确的事，而不仅仅是把事情做正确。

第 20 章

从起点到目的地

到现在为止，整本书已经讨论了印刷行业市场营销的概念。本章着重讨论把这些概念运用到你的经营中，能做成什么。在这本书里的每一个建议不一定都适用于你的具体情况；但是，有一些——或许有很多——建议还是有用的。这是市场营销作为一个新的范例的价值所在。你可以一次上一个台阶，甚至是一个台阶的一部分，或几个台阶的一部分。每次上升都会增加附加价值。

起点

你事业的起点是由你那时是在哪个地方决定的——"这里"就是指那个地方。如果这是你第一次尝试，环境分析也许会花费你一个月或者更多的时间。在你花费时间去完成这个步骤的过程中，你的事业的前进力量将带着它前进。

应当把环境分析的内容记录下来，这样你就可以和大家分享这份财富。你和其他人将知识贡献出来，积累起来；你要学会了解你的公司、你的员工、你的竞争对手、你的供应商以及你的客户。你将为此大吃一惊。另外，其他人也能够阅读到你的环境分析报告，了解到"这里"的情况。然后他们能够把信息告诉团队的成员，带领大家向着目标前进。最后，随着获取越来越多的相关信息，你将在记录下来的分析报告的基础上，继续进行分析。

在第16章中所提到的环境分析表是个简要的例子。你可以像介绍的那样使用它，或者你采用自己制作的表格。接下来是列出一系列与你想收集、想记录的信息有关的题目。不要被这些题目所吓倒；这些信息要经过几年才能建立起来。你应该建立一个表格，每年都把有关数据加进去，用这些数据显示发生的变化和变化趋势。

1. **自己公司的内部情况**
- 普通印刷企业还是专业化的印刷企业;员工数量;销售总额。
- 在现有员工和设备条件下的销售能力。
- 人员生产能力;联合或开放的车间;员工素质。
- 公司内部能完成的加工任务;必须外包的加工任务。
- 我们销售的产品(大量且有利可图);目前增长趋势。
- 生产与办公空间。
- 领导能力(首席执行官、销售部经理、骨干人员、其他人员)。
- 个人销售能力,个人客户服务能力。
- 财务实力;银行对公司的评价。

2. **自己公司的外部情况**
- 与我们现在客户有关的题目:

①我们应该服务的市场,他们想要的产品,我们应该覆盖的地区范围;

②我们应该舍弃的市场,我们应该舍弃的地区。

- 我们的市场形象(诚信、可靠度、创造性、品质、服务、员工技能、市场知识、技术知识、财务实力、社区支持)。
- 我们有以客户为贵的理念吗?

3. **竞争**
- 来自非印刷业通信公司的威胁。
- 印刷企业之间的竞争(为每个企业创建一个单独档案文件):

①普通印刷企业还是专业化的印刷企业,员工数量,销售总额;

②在现有员工和设备条件下的销售能力;

③人员生产能力,联合或开放的车间,员工素质;

④他们能完成的加工任务，他们必须外包的加工任务；

⑤他们销售的产品的数量和赢利能力；

⑥他们服务的客户及数量，目前增长趋势；

⑦生产和办公空间；

⑧领导力（首席执行官、销售经理、管理人员、销售人员）；

⑨和我们的竞争历史；

⑩他们的优势在哪里，他们弱点在哪里；

⑪当他们失去订单/客户时的报复历史。

4. 市场情况（为每个市场建立一个单独档案文件）

• 市场划分；重要的市场，我们在每一个市场的销售收入和潜在销售收入，以及占总销售收入的百分比。

• 市场描述或名称：

①我们现在服务的地区，将来能服务的地区；

②市场规模，我们的市场份额，竞争对手的市场份额；

③我们想供应的那种产品的购买情况；

④市场变化趋势，增长情况，产品的生命周期；

⑤可能会影响我们为市场服务的能力的技术开发情况；

⑥其他。

5. 客户（为每个重要客户创建独立档案文件）

• 公司的名称，地址，联系人，最高管理者及其简要介绍，与他们的联系方法。

• 业务类型，员工数量，总销售收入，财务稳定性，经营的年数。

• 我们的销售人员以及为他们服务的客户方服务代表。

• 我们的目标产品及其在生命周期上的位置。

• 从所有印刷厂买进的产品的总价值，我们每年卖给他们的产品数量；为客户提供印刷产品的其他印刷企业，以及他们在客户采购中所占的份额。

• 在他们的市场中的声誉（可靠性、产品质量、人员情况、是市场领导者吗）。

• 在他们的供应厂商中的声誉（最关心什么、专业购买、价格的重要性、付款记录）。

• 主要联系和描述。

• 他们下一年的预测以及长期预测。

• 在市场上他们看到的机会是什么，威胁是什么。

6. **潜在客户**（为每一个重要潜在客户创建独立的档案文件）

• 公司的名称，地址，联系人，最高管理者及其简要介绍，与他们的联系方法。

• 业务类型，员工数量，总销售收入，财务稳定性，经营的年数。

• 我们的销售人员以及为他们服务的客户方服务代表。

• 我们的目标产品及其在生命周期中的位置。

• 从所有印刷厂买进的产品的总价值，我们每年卖给他们的产品数量；为客户提供印刷产品的其他印刷企业，以及他们在客户采购中所占的份额。

• 在他们的市场中的声誉（可靠性、产品质量、人员情况、是市场领导者吗）。

• 在他们的供应厂商中的声誉（最关心什么、专业购买、价格的重要性、付款纪录）。

• 主要联系和描述。

• 他们下一年的预测以及长期预测。

• 在市场上他们看到的机会是什么，威胁是什么。

7. 公司经营区域的经济状况

- 生活成本的变化。
- 预期实际增长。
- 失业率；能否招聘到熟练技术工人、有经验的销售人员和经理主管人员。
- 可以预计到的物资短缺（纸张、其他供应品、设备、运输、公用设施）。
- 预期价格（更高、平稳、更低）是多少？
- 税收变化（企业的、工资账户、个体、减除）。

8. 公司的主要机会

- 按优先顺序列出，不超过5种。

9. 公司面临的主要威胁

- 按照严重程度和解决之可能性的次序列出，不超过5种。

虽然看起来好像需要有很多信息，信息太少容易导致错误的决策。将上面第1条~第7条的内容加以汇总，写入第8条（主要机会）和第9条（主要威胁）中。这样做会激励你制定未来的行动计划，这些将让你从目前不稳定的环境中进入一个新的更好的环境。市场营销的一个重要特征是为将来利润的变化提早制定计划。如果你不能掌控你的公司，公司就会抛弃你。

绝大多数人都会同意拥有充足的数据是非常好的，但是你能在哪里找到这些数据呢？很多信息是企业的机密或者秘密信息。为了节约时间，可以把搜集信息的大部分工作委派给其他人去做——兼职的或临时的职员，销售人员和销售经理，或者行政管理人员。如果公司的规模很大，有自己的营销部门，这一工作就可以分派给他们去做。

第一项任务是从公司内部的记录中挖掘数据。第1条（即

"自己公司的内部情况")的绝大多数信息,可以从公司的标准财务系统中获得(如果你有这样的财务系统的话);但是这些数据可能需要进行加工处理才能得到有用的市场营销信息。进行市场细分(在总销售中)和确定你要服务的目标市场,是对数据挖掘和计划的实践。第13章的电子数据表展示了你的目标市场和产品细分。如果你有两年或更多年份的数据进行比较,这些信息将显示过去几年中哪一个市场和哪些产品是你的强项。在利用这些数据预测未来的时候,还要增加考虑下面几个因素:市场和产品生命周期的位置,客户的忠诚度和他们的生命时间价值,以及竞争者的进攻能力。

只有在市场里才能发现市场是如何看待你的(第2条"自己公司的外部情况")。这些数据应由独立的公司或个人进行收集,以保证它的最大有效性。

第3条——关于竞争对手的信息——有可能是最麻烦的,特别是当你所在地区有上百家印刷企业的时候,情况更是如此。但是,即使是有上百家当地印刷企业,你在市场上碰到的也不过是三四家,只需要调查最重要的竞争对手。

这些信息存放的地方:
- 竞争对手的保密文件(很少有机会看到这些文件);
- 你的销售人员(他们知道得如此之多会使你感到吃惊);
- 客户;
- 供应商;
- 商业出版物和他们的员工;
- 商业协会和俱乐部;
- 和竞争对手高层经理主管人员的社交谈话;
- 以前曾经是你的竞争对手的前雇员,而现在是你的员工

(虽然这可能被认为是不道德的)。

存在很多不同的信息来源；收集信息需要毅力、技巧和时间。如果你在高层经理、销售人员和公司员工中开展信息收集比赛，你在很短的时间内就可以收集到大量信息。这项工作永远不会结束。你的竞争对手和你一样也在不断变化，而新进入者已悄然来到。

对于第4条（"市场"），你的客户就是许多信息的来源。如果在他们的行业里他们是以市场为导向的，他们就会对自己的情况进行环境分析，并且预言未来会如何影响他们的行动。只要你的客户获得成功，你也将获得成功（不幸的是，反之也成立）。

你们公司的总裁应该和主要客户的总裁建立和培养良好的关系。它不仅能带来好的业务，而且能与最终用户建立重要的沟通渠道——最终用户驱动整个价值链条。

至于第5条（"客户"）和第6条（"潜在客户"），根据你对你的客户和潜在客户所作的记录，就可以得到关于销售的历史信息。对这些信息再进行进一步的挖掘，你就能得到各种产品的销售收入。通过搜寻还可以得到产品的收益率和客户的收益率——大多数印刷企业不知道，这才是市场营销信息中非常重要的一部分信息，而且这些信息就隐藏在他们自己的记录里。（你可能会吃惊地发现，在你的利润中贡献最小的一些客户，往往需要花费最多的时间来解决他们的服务要求和抱怨。知道这些客户对你公司成功的贡献大小，会帮助你决定是否你应该真的珍惜这些客户。）

信息的搜寻

利用政府部门的统计数据、媒体的文章、新闻报道和报告以及图书馆的资料和互联网,可以获得大量的关于市场(第 4 条——"市场情况")和一般经济状况预测(第 7 条——"公司经营区域的经济状况")的有用信息。大多数印刷企业知道这些,但是缺乏接近这些信息源的经验。赖尔森大学的市场营销学教授玛丽·福斯特(Mary Foster)博士建议,开始时最好的方法是和当地的图书馆馆员——特别是大型的公共图书馆或大学图书馆的馆员——进行约谈。

首先确定你需要什么种类的信息。例如,如果 QUI PS 公司决定专门为房地产行业制作广告材料,他的市场计划人员就应该了解房地产行业的过去和未来。他们应尽力发现更多的关于当地房地产行业的情况,去年房屋建设数量和他们的价格范围,对今年和明年的预测值是多少,人口增长的统计数据,谁是主要的建筑商,行业面临的主要问题和机会是什么等。提前注意到这些需要,图书馆的馆员可以指导 QUI PS 公司的研究人员,如何在图书馆系统里寻找有用的印刷材料,或在互联网上发布研究报告。

互联网是信息的海洋,但是寻找信息需要一定的专业技能。如雅虎(Yahoo)、谷歌(Google)和阿尔塔-维斯塔(Alta Vista)这样的搜索引擎过于全面,对于你的题目会提供几千个相关参考资料(但大部分是不相关的),或者效率太低(找不到一点有价值的资料)。利用互联网成功地搜寻信息的关键,是聪明地选用关键词以及一致性和兼容性。如果你不是经常浏览互联网,那就需要花钱聘请一位专家去收集这样的信息。

在新闻报道和经济类出版物中,有大量关于世界、国家甚至地区经济的预测信息(第 7 条:"公司经营区域的经济状况")。公司所在地的当地银行应该能提供一些信息,或者他们能从他们的总部办公室获得一些信息。还有,你的客户也可能是最好的信息源。如果经济的变化会影响到他们,那么经济的变化也可能会影响到你。

信息经过第一次编辑整理以后,你会发现这里有很多空白。然而,你会发现,你已经有了大量的相关信息。这将帮助你预测明年——甚至更长的时间——会发生什么事情。找出三个或四个主要的问题和机会,你就找到了你现在的位置——"这里",即你的事业的出发点。

目的地

找到自己所在位置——出发点——之后,下一个问题自然是:"我们想要去哪里?"确定去的地方——"那里"——就是确定"目的地"。但问题并不像听起来那么简单。从不同的角度得出的答案是不同的(有时差别很大),但是可以得出基本一致的意见。市场营销是关于集中的——把目标集中在你做得最好的事情上,集中在你的客户最欣赏的事情上,集中在能给你的公司带来最大价值的事情上。如果你还是继续坚持同时做几件事情,你就不可能为你的客户或自己提供最好的产品或服务。通过对以下一些基本问题的提问,开始寻找自己的目的地在哪里——"那里"。

1. **我们是经营什么业务的**?

很明显,"印刷"不是你要寻找的答案。再问一下你自己,你是为什么行业服务的。请记住 80/20 法则——你的 80% 的业务来自你的 20% 的客户——由此你就可以识别出确实和你的公司相关的行业。你和其中的一个或两个行业有很多业务往来,其利润高于平均利润。这是为什么呢?你发现了对这些客户更有价值的特殊服务吗?你已经掌握了这个行业如何运作的充分知识吗?

你的销售人员与客户已经建立了密切的个人联系吗?

你可以说你们有一种业务是帮助用具行业销售用具的。所以可以把这种印刷企业说成是"销售家居用具的印刷企业"。

你还可能发现,你有两种或三种不同的业务。不要尝试从事太多的不同业务;大多数印刷企业没有足够的资源做好每一项服务。

2. **我们的经营目的是什么?**

这个问题的最初答案可能是"为了获取利润"。但是,如果那是你从事经营的原因,为什么你还要做那么多没有利润的事情呢——接受的订单比成本还低,支付丰厚的津贴,保持终身雇佣制,重新装修办公室,为管理层租用豪华轿车,明知道使用率不高的设备还要购买?

如果你重新考虑利润的含义,你会发现那只是一个测量。你的经营会获得多少利润?你会发现那就是一个管理的记分卡。(如果你是一家上市公司,还有很多公司业绩的观察员。)还有,股东已经把钱投给公司,利润是给股东的回报,还为未来的成长提供资金。利润确实能帮助你说服银行,相信你目前经营状况良好;利润是企业挡风避雨的保护伞。

但这有一个非常有趣的观察:利润只对人有用。所以你应该发现哪些人会从公司创造的利润中获益。把那些获得好处的人群当做是你服务的群体——用现代的行话来说,这些人群是你的赌资保管人。你可以把他们列出来——客户,股东,供应商和社区。现在你可以考虑如何为每一群人服务。

• 客户。为客户创造价值;提供可靠的产品和服务;公司有稳定的发展前景;办事效率高;知识渊博;友好待人;价格公平、物有所值;公开;及时、有效地沟通;创新性地解决客户的问题。

- 股东。让所有者感到自豪,确保公司按他们希望的方式运营;保证投资安全;分红;增加股票价值;购买更多股票的机会。
- 雇员。满意的工资和重要的附加津贴,是行业中最好的;利润分享;可以得到必需的社会经验;是团队平等的成员,为共同目标奋斗;有实现自身价值的机会;有个人成就感,得到认可和完成任务的自豪感。
- 供应商。确保公平交易;通过长期合同保持稳定性;按月结账支付;买卖双方愉快沟通。
- 社区。提供稳定的就业机会;热心社区事务并提供资金支持;漂亮的厂房矗立在大街上;是受到尊重、主动交税、善于合作的市民。

通过这样的思考和讨论,你对"如何从事经营活动"和"为谁从事经营活动"就有了一个新的认识。

在这个阶段,定性信息比定量信息更重要。在计划阶段,知道在过去3年你的销售收入稳定增长但利润并没有增长,比用准确的数据调整百分比更有用。但是对你不太熟悉的领域,需要进行更加仔细的分析——通常的问题是市场上发生了什么。这些信息最终是包含在你的环境分析报告里。

3. 撰写任务书

如果你已经回答了上面列出的问题,你应该准备撰写出你的任务书。这不是一件容易的任务,因为你正在撰写一个指引你走向未来的文件。这里有魁北克印刷集团公司和D+H公司的两份任务书的样本,但这不是为了让你照抄照办。你的任务书是你自己的独特产物。如果它适合任何其他印刷企业采用,你的任务书就没有特色。

公司的说明书应该包含起点和目的地的基本要素:公司的目

标、价值观、行为准则、前进方向、要达到的长期目标以及采用的管理方法体系。应该尽量多采用定性术语,少采用定量术语——例如,"在占有最大市场份额的市场中取得领导地位,"而不是"销售额达到1000万美元"。数量指标应出现在市场营销计划里。产品/服务/市场任务书应该包含以上所有要素,但他们还是更多、更集中地关注他们所关心的产品、服务和市场。

公司正在制作影视资料文件。任务书确定公司的核心目标和基本的驱动力,是为供长期使用而撰写的。另一方面,影视资料文件是供短期使用的——主要集中在市场营销计划中提出的要立即完成的任务。影视资料文件应该大胆而又雄心勃勃——是采取行动的号召书。当然,它必须和任务书保持一致。

魁北克印刷集团公司

我们的任务

魁北克印刷集团公司是一家以客户需求为导向的印刷企业,确定的目标是成为这一领域的领导者。要求公司对人力、技术和其他资源进行优化组合,使资源的贡献超过客户的预期。

让我们团结奋斗追求卓越……我们的个人生活将更加富裕,我们的客户因为对我们忠诚而得到回报。

克里斯·拉奇(Chris Rudge)

我们的价值观

- 履行对客户承诺的价值;
- 充满追求卓越的激情;
- 不断改进工艺过程;
- 坚持公平与公正;
- 为股东的投资提供超值回报;
- 努力创造良好的工作环境,鼓励员工成长,互相尊重,对取得的成就给予奖励;
- 个人服从团队。

D+H公司的任务书

通过为金融服务行业提供具有附加价值的安全产品和服务，为资金保管者创造价值。

D+H公司的影视资料文件

在加拿大的目标市场里，我们是主要的组织；在我们选择的北美市场里，我们是印刷行业的领导者。

第 21 章

年度营销计划

在环境分析中谈到的主要机会与问题，应该是你研究的必然结果。在撰写任务书的实践过程中，可以对研究结果进行修改——制定计划的实践并非完全是线性的。通过反复修改调整，就可以得到解决问题和机会的最佳方案。

你现在需要制定年度营销计划，在计划里开始添加这些要素。把这些要素当作你要解决或探寻的题目去思考——这项工作可能要花费你几年的时间。年度营销计划是你全年计划要走的前进道路上的里程标志。

对于小型公司来说，他们的经营计划和营销计划会有一点不同吗？营销包含整个的业务，因此，营销计划应该包括完成目标所需要的全部计划要素。对于大型公司来说，经营计划通常是一份公司文件，思考的是诸如资源投入、资金筹集、并购和出让等全部事项。这是公司的总计划，各个部门执行的计划必须与其保持一致。各个部门可以把他们的年度计划叫做经营计划或者营销计划。如果两者都需要，营销计划的定性更加严格，其目标是完成在总计划中已经明确规定的市场目标。

年度营销计划包括下列几部分内容：情况分析、目标、战略、战术和预算。应该把从这个计划里分出来的各人的活动内容，分别写入他们的个人任务书中，或者输入到计算机程序中。

目标

阶段目标是实现任务书中确定的长期目标道路上的路标。这些目标应该是清晰、明确的，并且可以测量——例如，销售额是500万美元，利润是40万美元；或者企业员工的士气提高到

10%（由独立工商企业雇员意见调查机构评定）。

请注意最后的一个例子。士气是不容易测量的，但是提高士气可能是一个非常有效的目标。不能因为这些项目很难测量而被简单地略去。因为这样做可能会漏掉一些最重要的机会或问题。"测量"意味着在年底的时候，大家对目标是否完成的评价有一个共同的标准。我们倾向于测量我们能做的事情，而不是测量我们想做的事情。对于已经测量的项目，我们关注的是我们测量的是什么。当一个或多个项目不容易测量时，就优先测量那些可测量的项目，并把应该花的钱用到其他项目上（例如员工的教育、提高士气等）。

如果你没有充分多的员工来承担分派给他们的具体目标，就只选择四个或五个目标。如果你过度分散使用你的资源，所有目标可能都要遭殃。目标应该富有挑战性并且是可行的。如果你的同事和下属认为设定的目标无法实现，你就不能通过设定目标来激励他们。每个人都能"买进"经营计划中设定的目标。

战略

战略是你为了实现目标，计划要做的一些具体事项。假设下面的内容是你的计划中的一部分。

主要机会

在新的市场——布里奇顿（Bridgetown）附近的社区，我们通过为用具行业提供销售援助，强化了我们的优势。

目标

①分析新市场的销售潜力；

②为这里的用具制造企业制定一个直接邮寄方案；

③与用具制造企业的高层经理建立沟通联系；

④分析我们的竞争力、他们的优势以及他们的服务对象；

⑤第一年在布里奇顿用具制造商那里得到的销售收入不低于100万美元，利润不低于6万美元（这是最低限额，又称阈限值）。

战略

目标1

①统计过去3年这一地区用具行业的销售数据。

②获得市政委员会关于城市未来的发展规划，特别是房屋建造计划（新住房需要新用具）。

③了解3家房屋建筑公司对明年市场的预测。

目标2

①向广告代理商咨询关于直接邮寄的想法和成本。

②建立一个本地区房屋建造商的邮寄目录。

你能看到，这些战略是如何指导实现目标的。制定计划的价值在于，在你全身心投入工作的时候为你描绘一幅清晰的战略图景。当然，制定计划的真正好处是你的绝大多数差错直接呈现在纸上，而纸上的错误是很容易改正的。

战术

这里开始进入了制定计划的核心地带——由谁去做什么，什么时间做，由谁来监督检查。表21-1是与"战略"中的"目标1"相对应的战术。

表 21-1　与战略中的目标 1 相对应的战术

任务	时间	执行者	检查者
战略 1			
①检查关于住宅建设的政府统计服务	09/15	LGH	LMO
②检查当地委员会房屋建造计划	09/30	PMZ	LMO
战略 2			
会见城市发展规划官员	10/1	LGH	LMO

　　一般来说，LMO 是一位高级执行官员，负责对 LGH 和 PMZ 的工作情况进行检查。在最后期限之前，他们能有效地完成他们的任务吗？因为这个计划是一个团队努力的成果，所以"检查员"很有可能是同事甚至是下级。检查的目的是减少拖延。毕竟这些工作是加在那些已经很繁忙的人们头顶上的额外任务，而且人们还有一种自然的倾向，就是让他们利用空闲时间完成第二项任务。

　　当你从主要的机会和问题开始工作，通过确定目标、战略和战术，就以惊人的速度完成了大量的工作任务。公司只是把有限的资源投入到计划中去，这就意味着在任何一年里，只能抓住几个机会或解决几个问题。因此，机会和问题应该按重要或缓急的优先顺序加以排列，首先处理那些最重要和最可行的机会或问题。如果最初结果不能满足已经建立的标准要求，就应该按各阶段的最低限额（阈限值）要求，确定停止其余计划的执行。例如，高级经理们决定，如果用具市场第一年的销售额达不到 100 万美元、利润达不到 6 万美元，这个市场就不值得继续存在——这是一个相当高的门槛。在"战略"一节的"目标"中的前 4 个目标，对目标是否可以达到给出一个很好的意见。如果在研究阶段或计划的实际执行过程中，显示的数字非常低，就应当放弃这个项目。

市场计划最初执行阶段，尽管已有证据显示有些项目是"此路不通"，但是总倾向于各个项目都能如期进行。设置最低限额（阈限值）的目的，是为了避免浪费时间，避免做毫无意义的工作。

你从上面的战术一节的内容就能看出，战术是把具体任务分配给具体的个人。保证实施的最佳方法，是把承担任务的人员写到工作日志中，这样他们就有充足的提前时间去完成分派的每项任务。那些负责检查工作进度的人，应该在任务到期之前建立自己的工作记录，以保证准时完成任务。

有计划才能生存

在18世纪，罗宾·伯恩斯（Robbie Burns）对计划工作说过这样一段话：计划是"胆小女人和男人制定的方案，常常让人误入歧途"。这句话现在还是对的，因为事实依然如此。你把大量时间和努力花费在营销计划的制定上，但是到计划结束的时候，还是没有全部完成，甚至一些主要部分还没有完成。

以下是你的计划没有达到预期目标的一些原因：

①雇员对具体任务负责任导致失败。或许他们每天的任务非常繁重，所以他们没有时间去完成这些额外任务；也可能是由于他们拖延或者缺乏能力。

②制定计划需要投入的钱，比你预期的要多，而你却没有那么多的钱。

③没有预见到的内部问题的干扰——一位重要的高级经理去世或患重病；银行拒绝发放工作贷款；发生火灾或水灾。

④没有预见到的外部问题——一个主要客户威胁要离开你；布里奇顿的用具行业崩溃；但对来自布里奇顿以外的收购采取沙文主义的态度。

⑤新机会的出现要求优先权——有收购另一家公司的机会；要求对新的主要合同作出说明。

以上所列事件中的任何一个，都会对你处理新问题的能力进行考验，让你很难再继续按计划执行。怎么办呢？你可以忽略机会或问题并继续坚持你的计划；你可以放弃计划，集中力量处理意外事件；你还可以修改计划的完成时间或目标，这样公司可以仍然继续执行计划，同时能够处理突发的事件。在任何情况下，你都应该避免为修改计划寻找借口。如果一个微小的问题就让你偏离原来计划的方向，为什么要浪费时间制定计划呢？

关键的问题是一种优先权，如果意外事件非常重要，必须立即进行处理；如果它需要投入资源去制定计划，那么原来的计划就应该被放弃。无论如何，与放弃计划相比，修改计划还是更好一些——例如，把当年的销售目标降低到 50 万美元，而把 100 万美元的目标推迟到明年。如果你的预算储存在计算机的电子表格软件中，分析销售量减少的影响就是一项非常简单的任务。公司能制定两年的财务计划代替一年的计划吗？对未被充分使用的设备，你制定了新的出租计划了吗？用不着的新设备怎么处理？

当计划受到威胁时，管理部门遇到的挑战首先是：我们能让计划回到原来的轨道上吗？如果不能，那么紧接着的问题是：我们必须放弃什么？经理们被迫作出艰难的决定。如果计划非常呆板、没有柔性，当出现意外情况时无法执行，员工就会把计划看成是一个毫无用处的模拟练习。另一方面，如果为了应付气候的微小变化也需要修改计划的话，那么它就不是一个真实的计划，而只是一个反映情况变化的活动靶子。

第22章

预算

如果想看看你的营销计划在财务上是否可行,预算就是一个严峻的考验。也许为了开辟一个新的市场,第一年你能够承受亏损;如果能对亏损额进行预估就能做到心中有数。或许一个新业务从一开始就是赢利的;预算可以估计赢利额。然后你能决定所冒风险和付出努力是否值得。如果回报很低,就应该对你的有限资源进行更好的配置。

预算不是一门精确的科学。但是通过利用你自己记录中的历史数据,你能够得出近似的但非常有用的预测值。理想的方式是收集与某一特定计划项目相关的历史信息(销售额、成本以及利润)。但在有些情况下这是不可能的:或许是找不到有关的历史数据,或者是你对产品和市场缺乏了解。如果情况是这样的话,你不得不利用一年的总体数据作为历史资料。有些是根据直觉得出的数据,不可避免会有些偏差。例如,你可能深切地感觉到这个项目在总体上比其他项目花钱更多或更少,然后你能据此调整支出。表22-1展示了将资产编入预算的简单但实用的准确方式。

把这类表格制作成各种电子数据表格,利用计算机你就可以做"如果……什么"这样的变化(例如,如果我的附加销售额仅是80万美元而不是100万美元,情况会是什么样呢?),接下来的计算由计算机自动完成。

在第三栏中,QUI PS公司记录的是公司去年年报中的销售、支出和利润的数据。第二栏表示的是每一项所占销售额的百分比。公司还增加了近似PI A比率以反映哪一项超出了临界点。

因为QUI PS公司觉得很难把专门为某一产品或市场的支出分离出来,公司在预算A的销售额中,只是简单地增加了100万美元作为销售目标。QUI PS公司填入的百分比数值与上一年相同(由于舍入到最靠近的1000美元并且只保留了1位小数,所以合计数据有微小变化),这是由于作了这样的假设:支出与销售额成同比例增长,而百分比保持不变。在预算 A 的平衡表中,计算机利用适当的计算公式,将销售百分比转化成以货币美元表示的销售额。毫不奇怪,增加的销售额的利润(50 万美元 – 47.1 万美元 = 2.9 万美元)明显低于确定的最低限额(6 万美元)。

表 22-1 QUI PS 公司的预算(用具市场的销售额增加了 100 万美元)

1000 美元

项目	去年年报		PI A 比率	下一年			
				预算 A		预算 B	
	%	$	%	%	$	%	$
销售额							
增长率							
产品的设备成本							
采购成本							
外包成本							
设备购买支付							
设备费用支出							
折旧							
设备总成本							
管理成本							
管理人员工资							
汽车税							
呆、坏账							
电话费							
办公费支出							
法律、专业咨询费							
银行费用与利息							

续表

项目	去年年报		PI A 比率	下一年			
				预算 A		预算 B	
	%	$	%	$	%	%	$
长期负债利息							
杂项支出							
管理总成本							
销售支出							
工资与佣金							
文员工资							
广告支出							
差旅费与招待费							
杂项支出							
总销售支出							
总成本							
价格调整							
税后利润							

但我们知道，预算 A 是不正确的，因为支出不一定与销售成同比例增长。有一些支出是固定的。在预算 B 中，直觉占据主导位置（随着更多的信息可以使用，这些数据就更加精确了）。例如：

• 销售目标增长 100 万美元；

• 购买成本、外包成本、设施设备购买支付在销售额中所占的百分比没有变化；

• 预测工厂管理支出只有适度增加（百分比并没有上升）；

• 没有新设备采购计划，折旧费比上年减少；

- 经理和管理人员工资、营业税、办公和法律支出以及杂项支出有适度增加或维持现状；
- 新账户——增加呆、坏账预算；
- 电话费，更多的长途电话；
- 银行收费与利息，大额银行借款；
- 长期债务利息，没有借新债——由于偿还了部分债务，所以利息减少；
- 销售支出增加——开拓新的领地。

当为了开拓新的市场而必须采取价格优惠的时候，就可以用"价格调整"这一行进行记录。在这个特定例子中，QUI PS 公司感到竞争并不是十分激烈，公司的优质产品能够保证在新的市场里仍可以有一个较高的价格。如果为了进入新市场而需要优惠 5%，调整的数量就可以写入价格调整行。

预算 B 的结果显示，总的销售回报的百分比有少量增长，由于销售额增长了 100 万美元，利润增加了 7.5 万美元（如果给 5 万美元的价格优惠，利润仅增加 2.5 万美元——明显低于利润 6 万美元的最低限额）。一旦初始成本被收回，在未来的年份里利润将会更高。

参考文献

Dean Baxendal, Chair of Ontario Association of Quick Printers, CEO of First Impressions Printing & Graphics.

Kendra Bonnett, *An IBM Guide for Doing Business on the Internet*.

Clarke Caywood, Professor of Marketing, Lead professor of NAPL's ECP course, Northwestern University, Evanston, Illinois.

Professor Clayton Christenson, *The Innovator's Dilemma: When New Technologies Cause Great Firms to Fail*. Harvard University.

Professor Max Clarkson, former Dean of Business Administration, University of Toronto.

Ray Cortu, National Marketing Manager, Xerox Canada Ltd.

Bob Dale, CEO Pilot Graphic Management Services, Toronto.

Mills Davis, *Network Power——The Future of Print, Publishing, and Media Communications*.

Sandy Donald, Publisher of The Graphic Monthly (Canada), President Beaver Press, Toronto, Canada.

Jeff Ekstein, President Willow Printing Group, Toronto.

Dr. Mary Foster, Professor of Marketing, Ryerson Polytechnic University.

Roly Harris, former VP Marketing, B.F. Goodrich Company.

Chris Hawtthorne——Chairman hawthornes Company, Nottingham, England.

Daniel S. K *The Ultimate Success Secret*.

Michael Kimble, *The Most Powerful Marketing Strategies Ever Written for Printers*.

Dr. Philip Kotler, *Marketing Management*.

Vince Mallardi, *MAP (Marketing Action Planner) series*.

C. Sanford McFarlane, CEO Davis + Henderson Ltd., Toronto.

PIMS—Profit Improvement Management Services.

Al Ries and Jack Trout, *Marketing Warfare*.

Robert Robinson, Consultant to the printing industry.

Chris Rudge, Former President, Quebecor Printing, Canada, Inc.

Charles S. Stuart, Orlando, Florida.

Janice Wadge, President Regal Gifts, Toronto.

Linda Whitehead, VP Sales & Marketing Regal Gifts, Toronto.

作者简介

莱曼·亨德森（Lyman Henderson）结束大学的艺术课程仅仅 8 天，就参加了加拿大皇家炮兵，投入了第二次世界大战。1946 年退役后，他加入了家族的通用商业印刷公司——戴维斯 & 亨德森有限公司，简称 D+H 公司，该公司是 1875 年在多伦多成立的。

1959 年，亨德森接替他父亲的职位，成为公司的总裁。公司雇有大约 60 名员工，承印种类繁多的印刷品。在接下来的 15 年里，公司的生产线和目标市场逐渐集中在两个专业领域：银行业客户使用的支票，以及零售商店和超市使用的机器扫描识读的标签，销售额和利润大幅度增长。现在 D+H 公司在加拿大有 6 家工厂，雇用了 900 名员工。1974 年，比尔·威廉斯（Bill Williams）接替总裁职位，亨德森成为董事会主席。现在亨德森已经退休，但还担任名誉主席。

亨德森是非常活跃的社区志愿者，还担任着几个社会组织的主席，如加拿大癌症协会主席、国家芭蕾舞团主席、加拿大印刷工业协会主席以及友好邻居俱乐部（一个为老人、失业人员和无家可归人员提供的日间活动中心）的主席。他认为他的家庭（妻子、四个孩子、五个孙子），他的精神生活，他的社区工作以及他的商业经验，是他整个生命中重要的组成部分。

自从退休以后，亨德森成为印刷知识的宝库——成为作家、顾问和研讨会的领导者。他是加拿大两种印刷杂志的专栏作家，他为美国和加拿大的印刷行业撰写了 6 本管理学方面的教材。15 年来，他一直担任 NAPL 销售与营销 ECP 课程的教授，每年在西北大学讲课。2003 年，他成为 NAPL 教育领袖奖的首位获奖者。他还在多伦多赖尔森理工大学给印刷学员讲授市场营销课程；该大学授予他终身教授头衔，以表彰他对印刷行业做出的贡献。由于他对社区的贡献，他成为加拿大秩序协会的会员。

后 记

"雅昌企业管理与内训丛书"在印刷工业出版社各位同仁的努力下出版了,能为中国印刷行业的同道们做些力所能及的事,是我从事印刷工作二十几年来的心愿。

无论是在国营印刷单位还是合资公司,以及在自己创办的企业,我一直在关注决定这个行业以及行业中各个企业发展的关键因素的变化。从经验主导到设备主导再到技术主导,当前的印刷发展趋势已进化到以管理为主导因素的阶段,这在世界先进国家印刷行业的演进过程中已得到充分展现。无论是美国还是日本,成功的印刷企业无一例外地经历了这样的过程。他山之石可以攻玉,中国印刷企业的进步得益于国家的改革开放政策,使我们在设备、工艺和技术上快速缩短了与国外先进企业的差距。雅昌在这十几年来,在先进设备和技术的引进工作上一直瞄准最高标准,力求达到世界级水平。同时,在经营的实践中,我们越来越感到管理对于经营的重要性。近几年来,我们从美国、日本等国家有选择地引入了一些印刷企业管理理论书籍和培训资料,作为雅昌企业管理干部和员工的培训素材。和技术、设备相比,管理的引进难度更大,而要充分发挥所引进的技术和设备的优势就必须有相应的管理体系。

总结雅昌的管理实践使我感到,在建立先进的管理制度过程中需要解决这样几个关键的问题:一是观念,管理模式离不开大的社会文化背景,其中包括企业的宗旨和使命等问题,领导者、管理团队乃至普通员工的观念转变是最基本的问题；二是时间，相比国外企业，我们的发展环境给予企业提升管理水平的时间更短，管理者没有充裕的时间对传统的模式进行四平八稳的改革，在效率和稳妥中寻求合理的平衡是时间对管理者的最大挑战；三是多元化造成的问题，我们在提升管理的过程中既享受着开放和信息技术带来的便利，可以方便地获取各种资料和信息，但同时面对太多的理论和方法也会感到无所适从，如何从目不暇接的理论书籍中找到适合自己的方法是管理者最头痛的课题；最后，对所有管理问题阶段性解决程度评判尺度的把握和循序渐进、锲而不舍的态度是检验管理改善工作的核心标准。

感谢印刷工业出版社的支持和编辑团队的辛勤工作，为雅昌能够与业内企业和同仁分享在引入先进管理理论和方法过程中取得的心得和收获提供了非常好的平台。希望这套丛书能够为有志于中国印刷行业发展和企业竞争力提升的人士们提供有益的借鉴，甚至成为从事印刷生产、营销、品质管理等各专业领域管理人员的参考书、工具书。荀子在其劝学篇中说："是故无冥冥之志者，无昭昭之明；无惛惛之事者，无赫赫之功"。希望雅昌和印刷业内的同仁共同努力，为中国印刷企业的腾飞做些实事。

最后，衷心感谢中国印刷技术协会理事长、原新闻出版总署副署长于永湛先生在百忙之中拨冗为丛书作序。

雅昌企业（集团）有限公司董事长
2007 年 1 月 29 日